普天之下・盡是好書
普天出版家族 Popular Press Family
凌雲 A-Plus Creative Company 文創

用幽默的心情處理事情

Humorous way
to say
your opinion

古羅馬思想家塞涅卡曾經寫道：「**化解衝突的最好良藥，就是含有幽默感成份的機智。**」其實，面對衝突，毫不畏懼的人，充其量只能稱做是匹夫，但是面對衝突，能控制情緒，並且懂得運用機智和幽默來代替衝突的人，才是真正有智慧的勇者。

《罵人不必帶髒字》
系列暢銷作家
文彥博 編著

活用幽默的智慧，
輕鬆替自己解圍

●出版序●

活用幽默的智慧，輕鬆替自己解圍

真正有智慧的人，會用幽默的方式化解衝突，而不是為了這些無藥可救的豬頭抓狂，甚至氣到暈頭轉向！

古羅馬思想家塞涅卡曾經寫道：「化解衝突的最好良藥，就是含有幽默感成份的機智。」

其實，面對衝突毫不畏懼的人，充其量只能稱做是匹夫，但是面對衝突，能控制情緒，並且懂得運用機智和幽默代替衝突的人，才是眞正有智慧的勇者。

用幽默的方式因應對峙、衝突的場面，永遠比無言以對或當眾發飆好上許多。

因爲，保持沉默或當眾發飆，問題並不會消失不見，但是，用幽默化解，問題就會立刻迎刃而解。

所以，當你受到別人挑釁的時候，不需要焦躁，也不必要暴怒，只要適時地用機智代替憤怒，冷靜地維持自己的風度，以最悠然的氣勢突顯自己的優勢，甚至以輕蔑的態度回敬對手，幽默而又不失禮貌地站穩自己的腳步，對方就會知難而退了。

用幽默的方式，表達你的意思

十九世紀法國微生物學的專家巴士德，一日正在實驗室裡做生物試驗。在他十足專心工作的時候，突然來了一位不速之客，是某一位伯爵的信差。

原來，因爲一件莫名的事故，使得那位伯爵對他心有不滿，向他提出決鬥的要求。

由於工作被迫中斷，巴士德的心裡正老大不高興，又眼見信差態度惡劣，更是讓他情緒不佳，忍不住輕蔑

地嗤聲一笑，「要決鬥可以，不過按照慣例，我有權選擇決鬥的方式。來，這裡有兩只燒杯，其中一杯裝有卡介苗的原菌，另一杯則是裝著清水。回去告訴伯爵，由他來選一杯喝掉，剩下的歸我喝。」

當然，那位伯爵終究沒有膽量前來喝掉任何一只燒杯裡的液體，這場決鬥最後也就不了了之。

用幽默的心情處理事情

燒杯裡是否眞的有一個裝有卡介苗病菌，抑或是兩只燒杯中都不過是清水而已，答案不得而知。

但是，巴士德卻成功阻止了一場無謂的決鬥，同時也保有自己的名聲。反倒是那位提出決鬥要求的伯爵，可能會被恥笑膽量不足。

巴士德當然可能只是在開玩笑，但是話裡似乎又藏有若干認眞的可能，這說明了似笑非笑之間的模糊地帶往往可以讓對手怯步，擔心落入陷阱，對方稍有遲疑，就失了先機。

歐洲有句諺語說：「生氣的時候，去踢石頭，疼的只是自己。」

眞正有智慧的人，會把那些不學無術又喜歡惹是生非的「豬頭」當成借鏡，警惕自己別幹出丟人現眼的愚昧言行，並且用幽默的方式化解衝突，而不是爲了這些無藥可救的豬頭抓狂，甚至氣到暈頭轉向！

面對危機仍能冷靜自若地談笑風生，就算只是演戲，只要演得好，也能夠讓對手心生忌憚，投鼠忌器，如此一來，既突顯了自己的架勢，也爭取更多應變的時間與空間。

•本書是《用幽默的方式化解衝突全集》全新修訂版，謹此說明

PART 1 面對衝突，要使出渾身解數

若有人執意要製造紛爭，不必退縮，在氣勢上站穩腳步，不論對方出什麼招，都能見招拆招。

PART 2

遭受惡意攻擊要伺機反擊

越是遭人攻擊，越是要冷靜下來，學會自保之道，才不會白白挨打；不論刀來劍來，都要能予以格開並適時反擊。

PART 3 用幽默創造出其不意的效果

不管是什麼樣的境況，都要在幽默與創意的推波助瀾之下，順時順勢為自己謀得成功的契機。

PART 4

用幽默的態度表達自己的堅持

採用幽默的手法，把場面的氣氛先設定好，找出一個彼此都可以接受的談判結果，否則你來我往的鬥智，仍得持續下去。

PART 5

保持冷靜，才不會做出荒謬決定

過度投入與狂熱，往往會讓人喪失理智，在瞬間成為情感的奴隸，做出平常自己不會做的事。

PART 6

隨機應變，才能通過難關

知道要怎麼反駁別人的人不一定聰明，知道如何順應對方期望、隨機應變的人，才是真正的聰明人。

PART 7

用盡力氣，不一定能得到勝利

那股「想要贏過別人」的念頭，經常會成為你不快樂的源頭。你必須想通這一點，才不會用盡一切力氣，只為了得到虛假的勝利。

PART 8

狀況搞清楚，才能成功說服

要說服別人之前，一定要先了解對方在意的是什麼。如此一來，才能實實在在地把話說到對方的心坎裡。

PART 9

要報復，也得選擇幽默的方式

幽默面對事實才是最精采的報復方式！他嫌棄你，你就要讓對方知道還有很多人喜歡你；他看不起你，你更應該把自己提昇到無懈可擊。

PART 10

只有機智才能化解糗事

只有充滿幽默感以及高度自信的人，才能兵來將擋，水來土淹，把場面做一個圓滿的善後。

PART 11

用幽默代替生氣

生氣不能解決問題，有時候，一顆寬容的心，幾句幽默的話語，就可以把肝火化為笑意，把敵人變成朋友。

01

面對衝突，要使出渾身解數

若有人執意要製造紛爭，不必退縮，在氣勢上站穩腳步，不論對方出什麼招，都能見招拆招。

用幽默的語言保留對方顏面

一個看似不經意的幽默笑語，既達到目的，又維持了和諧的氣氛，不讓對方感到難堪，卻又能夠實際傳達自己的意思。

發現別人的錯誤，你會如何反應？是大聲譏刺？還是低頭恥笑？抑或是誠心誠意地直接提醒對方的錯誤？

以上三種方法，都可能會遭受到對方的怨恨，原因就在於我們指責別人的時候，無論出發點是善意還是惡意，都會令被評論的人面上無光，對方心裡的感受自然也是尷尬萬分。

所以，如何運用說話的技巧來達到勸說的目的，攸關說話的成效與結果。這時候，你可以試試幽默的暗示說法。

十九世紀末，羅馬教宗派遣大使來到法國，未來的教宗候選人約翰二十三世也應邀到法國出席盛宴。

當時，法國時裝流行大膽的剪裁風格，一位被安排坐在約翰二十三世鄰座的女士，正巧穿著一件極度暴露的禮服，令在場男士眼光都不知該擺向何處才好。

由於天主教主張清慾聖潔，這樣的安排，讓很多與會人士都在暗地裡觀望著，想看看這位未來的宗教領袖會如何來處理這個問題。

結果，約翰二十三世從頭到尾都

裝作沒有注意到那位女士的穿著，直到餐後甜點上桌，他特地挑了一只蘋果遞給那位女士。女士搖了搖頭，婉言辭謝，表示她並不想吃蘋果。

但是，約翰二十三世還是執意將蘋果放到女士的盤中，輕聲勸說：「無論如何，請品嚐一下吧！夫人，您知道的，夏娃是因爲吃了禁果之後，才意識到自己赤身裸體的。」

用幽默的心情處理事情

規勸別人，是一件比指責更困難一百倍的事情。指責對方時，你只要直接說出你認爲對方的錯處就行了，但是規勸卻必須更進一步考量到對方的處境和心情，因爲規勸的出發點是爲了對方好，是爲了求建設而不得不破壞。

但是，規勸難就難在如何不讓對方感到惱羞成怒，以免規勸不成，反而破壞了原有的和諧情感，兩面不討好。

相信那位女士一旦聽懂了約翰二十三世話裡的意思，必定能夠意識到自己的穿著不夠恰當、不合時宜。

約翰二十三世含蓄地運用創世紀的故事來暗示，既不把事情說破，也不讓對方感到難堪，卻又能夠實際傳達自己的意思。一個看似不經意的幽默笑語，既達到目的，又維持了和諧的氣氛。

或許，那位女士仍舊會因爲自己的錯誤而感到羞愧，但至少約翰二十三世並沒有直接讓她下不了台。

何必爲了不愉快的事情氣昏頭？善用幽默感，用開玩笑的方式，就能化解場面的尷尬；以暗示和隱喻，就能降低眞話的殺傷力。

智慧語錄

借力使力的另類思維用若無其事的方式提醒別人。提醒他不知道的，好像是提醒他忘記了的。

——戴爾・卡內基

面對衝突，要使出渾身解數

若有人執意要製造紛爭，不必退縮，在氣勢上站穩腳步，不論對方出什麼招，都能見招拆招。

動不動就跟別人爆發衝突，只會突顯一個人的幼稚和弱智，懂得運用幽默的話語化解僵局，才是眞正有涵養的聰明人。

一個眞正有智慧的人，即使是生氣的時候，也不會蠢到暴跳如雷，更不會用髒話去問候別人的祖宗八代，而是會用幽默的方式表達自己的意思，讓對方會心一笑之餘，有更深一層的體悟。

很多時候，你並不想和那些豬頭發生衝突，可是卻無法避免。因爲，如果你毫無理由地不斷退讓，最後必會令自己退到無路可退的地步，所以，爲了保護自己，在必要的時候，你必須學會反擊。

如果，你還沒準備好，最好減少與人發生爭執的機會；如果，你不得不與人發生衝突，那麼就得使出渾身解數來應戰。

用幽默的方式，表達你的意思

十七世紀英國著名的數學家伊薩克·巴羅，也是一位知名的教士，曾經在劍橋大學擔任數學教授，對於幾何學的理論有頗多建樹，其中物理學家牛頓就是他的得意門生之一。

巴羅爲人謙沖有禮、和藹可親，也一向誠懇待人，是個頗好相處的人物。但是，他偏偏與當時國王寵臣羅切斯特伯爵不合，兩個人只要一見了面，必定少不了一番唇槍舌劍。

羅切斯特伯爵是國王查理二世身邊的親信，權勢極大，官架子也不小。

據說羅切斯特伯爵還曾經在某個公開的場合，譏刺巴羅是「一座發霉的神學院」，暗指巴羅食古不化，總是說一些老掉牙的事物，跟不上時代，學說也乏人問津。

這一番惡意的批評，自然也引起巴羅一連串的反擊，兩人隔空喊話，誰也不讓誰，因此結下了樑子。

有一天，兩人狹路相逢。仇人見面分外眼紅，羅切斯特首先誇張地深深向巴羅一鞠躬，剛好發現自己的鞋帶有些微的鬆脫，靈機一動，故意語氣尖刻地譏諷：「唉呀！博士，請您幫我把鞋帶繫上吧！」

巴羅當然也不是省油的燈，立刻不甘示弱地回敬：「好啊，爵爺，但是請您先躺到地上去吧。」

羅切斯特聽了更火大，立刻沉聲說：「博士，不如您先下地獄去吧。」他氣得過火，口不擇言，已經擺明在詛咒對方了。

巴羅也跟著開火：「那您一定要站在我的對面！」

「博士，請你到地獄的最底層去吧！」羅切斯特幾乎氣得吹鬍子瞪眼睛。

巴羅倒是慢條斯理地說：「這我可不敢！爵爺，那樣高雅的宮殿，是特別爲您這樣有身分地位的人而保留的啊！」

說完，他自顧自地聳聳肩走了開來。

用幽默的心情處理事情

一旦發生爭執，只有兩個下場，不是贏，就是輸。雙方爭執的結果，雙贏和雙輸通常只是假象，眞正的結果，頂多只有贏得漂不漂亮和輸得難不難看的差別而已。

沒有人喜歡輸的感覺，想要避免輸，只有兩個方法，一個是儘量避開爭執，另一個就是想辦法贏。

伊薩克．巴羅並不喜歡與人爭執，但是若有豬頭執意要製造紛爭，他也不會有所懼怕，更是想盡了辦法據理力爭。

因此，當羅切斯特伯爵執意與他正面衝突的時候，他並不打算退縮，而是在氣勢上站穩腳步，不論對方出什麼招，都能見招拆招。

羅切斯特伯爵逞一時的口舌之快，想在唇舌上佔巴羅的便宜，豈料巴羅也不是省油的燈，無論對方如何惡言，都即刻反擊回去，而且在最後一擊時先下手爲強，反應不過來的伯爵只好啞口無言地吞下敗仗。

智慧語錄

你若不是持著盾牌歸來，就應躺在盾牌上歸來。

——普盧塔克

越生氣，越要控制自己的情緒

把説笑和正經界定在一種模糊的境界，讓對方掌握不住真假，你就能決定要讓接下來的情勢往什麼方向走。

古希臘哲學家亞里斯多德曾說：「要說發脾氣，誰都會，這並不困難，難的是當你發脾氣的時候，懂得如何掌握分寸，懂得採取適當的方式，最重要的是懂得用機智來代替憤怒。」

動不動就跟別人發生衝突，只會更加突顯你無法駕馭自己，而且只會讓情況更加糟糕，機智和幽默的語言才是化解衝突的最佳應變智慧。

一個只爲生氣而生氣的人在盛怒之下，嘴裡的那條舌頭就像一匹脫韁的瘋馬，而一個眞正有智慧的人，在盛怒之下，則會用自己的機智去駕馭那條可能變成瘋馬的舌頭。

生氣、發怒，都是負面情緒，這些負面情緒會令你暫時失去理智，也會令你全身的神經、器官、細胞陷入一種極度緊繃的狀態，長久下來對自己的健康多少有些損害。

你隨時都可能碰到一些令你生氣的事，也隨時都可能遇見惹你不快的豬頭；你可以選擇生氣，讓自己傷心又傷身，你也可以選擇用幽默感來應對。

用幽默的方式，表達你的意思

據說，有一天古羅馬將軍西比奧爲了一件麻煩事要去拜訪他的朋友詩人昆塔斯・恩紐斯。

當時，恩紐斯知道西比奧來意爲何，由於幫不上忙，因此臨時做了避不見面的決定，讓僕人去應門，聲稱自己不在家，希望西比奧見不到人便主動離去。

西比奧敲了很久的門，終於有人應門了，僕人也遵照恩紐斯的指示，告訴西比奧主人現在不在家。

可是，身爲軍人的西比奧觀察力比起別人敏銳許多，剛剛好瞧見從後門遁逃的恩紐斯躡手躡腳地閃進後面的小屋裡。當下西比奧並沒有質問應門的僕人，或者大聲喊叫戳破恩紐斯的謊言，只是一言不發地離去。

後來，恩紐斯來拜訪西比奧的時候，西比奧從窗戶瞥見恩紐斯的身影，聽到敲門聲故意不回應，而後站在屋裡大聲地說：「西比奧不在家。」

恩紐斯一聽就知道是西比奧的聲音，於是也大聲地說：「我才不信，我早聽出來是你的聲音了，西比奧。」

西比奧則打開門，假裝怒氣沖沖，劈頭就回了一句：「好你個混蛋，我連你奴隸的話都信，你卻不相信我的話，你算什麼朋友！」而後在恩紐斯目瞪口呆的表情下率先笑了出來。

西比奧是在生氣記仇嗎？他當然是在生氣，也是在記仇，但是他卻用了幽默的手法，讓恩紐斯雖然感到尷尬卻無可辯駁，畢竟是自己有過在先，只能傻笑摸摸鼻子把尷尬吞下。

西比奧藉勢誇張，看起來像是膨脹了怒氣，但是事實上卻是用機智代替憤怒，給對方一個台階，好讓對方有路可走，氣度實在高人一等。

生氣當然有原由，但是要能既讓自己出了氣，又不破壞情境與氣氛，確實是不容易的。

西比奧以深具幽默感的表現，化解了一次友情危機，也賣了恩紐斯一次人情面子，算是在人際關係上得到了空前的勝利。

作家雷普利爾曾經這麼說過：「幽默會帶來悟力和寬容，冷嘲熱諷則帶來深刻而不友善的理解。」

幽默可以直接讓對方卸下原有的心防，也可以緩和原本僵持對立的氣氛。

把說笑和正經界定在一種模糊的境界，便可以自由地主宰情緒的向度，讓對方掌握不住眞假，搞不清楚你是眞生氣還是假發威，只能採取守勢靜觀其變，這時你就能決定要讓接下來的情勢往什麼方向走。

所以，越是生氣的時候，越要控制自己的情緒，以幽默的態勢來面對，才能將發球權掌握在自己的手中。

智慧語錄

勇氣不是盲目地忽視危險，而是看見便去克服它。

——李斯特

轉移焦點，才能避開難堪

冷靜思考眼前的局勢，巧妙地為自己製造更多的空間，有時反而能為你帶來反敗為勝的契機。

人生如海洋，不會永遠大風大浪，也不可能永遠風平浪靜，唯有小心掌舵，堅定地朝向自己的目標前進，才能成功抵達命定的港灣。

日常生活中，我們總會遇到豬頭鬧事，總有可能遭逢刁難，有時候硬碰硬並不一定能有好的效果，倒不如轉移焦點，說不定能爭取更多的空間。

用幽默的方式，表達你的意思

二十世紀初，一位法國神父米尼耶在晚宴中被安排坐在一位長得極爲迷人的美女身旁，在場一位男士故意想令神父難堪，於是便鼓譟起鬨，逼問神父是否有膽量親吻那位美女。

所有人的目光都不禁往神父身上投去，有人刻意挑釁，在場的人多多少少也想看米尼耶會如何應對。

眼看美女神情燦爛，巧笑倩兮的模樣更顯得美麗誘人，神父神色自若地喝了一口湯，而後說：「當然不敢，因爲她還沒有成爲聖物。」

意思就是這位美女若是如十字架一般的聖物，他當然就可以獻上親吻了。

在場人士頓時哄堂大笑，神父當然應該謹守清修戒律，這件事情大家都知道，反倒是那位原本想要找麻煩的人士，當下顯得尷尬異常。

史達林曾經說：「語言是工具、武器，人們利用它來互相交際，交流思想，達到互相了解。」

人類是唯一會使用語言來溝通的生物，能夠開口說話，以語言來思考，也是人類與動物之間最大的差異，更是人類之所以自詡爲萬物之靈的主要依據。

可惜，水能載舟亦能覆舟，我們既見識了言語所帶來的好處，也就無法避免語言所帶來的傷害。

既然傷害無可避免，唯一自救的辦法，就是想辦法將傷害的程度降到最低，或是避開鋒芒，減少直接傷害。

像故事中的神父，不會不明白發問的人目的就是要看他笑話，給他難堪，但是他能夠冷靜地耐住性子，反過來以先拿自己開玩笑，因而令對方無技可施，不得不知難而退。

機智幽默可以說是人們在社交場上所穿的最漂亮的服飾，尤其是你出糗或遭到言語攻擊，用機智代替憤怒，絕對可以化解尷尬或對立的氣氛。

遇到困難和阻礙的時候，你可以不用選擇正面衝突，特別是你手上的籌碼尚嫌不足的時候。

冷靜思考眼前的局勢，巧妙地爲自己製造更多的空間，有時反而能爲你帶來反敗爲勝的契機。

智慧語錄

不論你想笑別人怎樣，先笑你自己。

——哈利．福斯第

面對批評，要保持冷靜

當批評的言論鋪天蓋地襲來之時，你更要堅定自己的腳步，如此那些不夠認真，也未曾深入了解的批評就會不攻自破。

人，其實是一種很奇怪的生物，既想要安全地融合在群眾之中，又不想被完全忽視，常常會想盡辦法要突顯自己的重要性與價值。

可是，越是突出、醒目的人，越容易成爲別人關注的焦點，也越容易成爲豬頭們嫉妒與攻擊的目標。

批評和中傷，往往令人防不勝防，所謂「無心自招惹」，即使無意求麻煩，麻煩也會自動找上你。

常言說「樹大招風」，就是這個意思。

十九世紀時代，英國基督教浸信會的宗教負責人C．H．司布眞是一位極受人矚目的人物。

由於司布眞能言善道，文章又寫得極爲打動人心，所以吸引了無數的教徒追隨。他在二十歲的時候，就成爲一知名的傳教士，每一次佈道，都造成不小的轟動，引來了大批的聽衆前來聽講。

他的聲名來得太快，自然也惹來了不少嫉妒的目光，有不少言語暗箭冷不防地對他攻擊。不過，他的氣度很好，對於那些攻擊性的言語，都能以輕鬆的態度加以對待。

有一次，他又被人在報章雜誌上大肆批評，一位朋友忍不住對他開玩笑地說：「我聽說您又

不小心掉入了熱水之中。」

司布真態度嚴肅地回答：「不止我一個人在熱水中，其他所有的人也都在熱水之中，我只不過是那個使水沸騰起來的人。」

用幽默的心情處理事情

司布真的朋友當然是想調侃他的處境，但是他卻不以爲意，因爲製造輿論與知名度本來就是他推廣教義、號召信徒的目的，所以有什麼好羞恥的呢？

司布真沉穩的回答和認真的態度，都讓玩笑的意味大幅降低，也爲朋友的嘲諷口氣消毒，給了對方台階下。

對自己的想法與見解抱持堅定的態度，別人即便不明瞭、不相信，也絕對不敢加以輕侮。事實上，你的態度更是決定了別人看待你的向度。

當然，一旦你的方法奏效，便能成功吸引衆人的目光。不論有心或無意，人們一定會關注特別與突出的人事物，當你鶴立雞群的時候，評論和批判也就隨之而來。我們不能以偏概全地認爲所有的批評都是惡意的，畢竟唯有突出且受重視的事物才可能受到關注，別人也才願意花費心思、時間、精力加以批評。對於不同的看法，我們可以傾聽，但不一定要全盤接受。

所以，當批評的言論鋪天蓋地襲來之時，你更要堅定自己的腳步，以更認真的態度來面對問題，如此那些不夠認真，也未曾深入了解的批評就會不攻自破。相信自己，你就會讓別人相信你。

受到批評，是一條必經的道路，雖然路程上可能有尖石，可能有坑洞，但是一旦你通過了這一番考驗，你的路將更加寬廣。

智慧語錄

朝聖者聽著！人間本無路，路是人走出來的。

——理查・羅爾

用機智解決棘手的事

從自我幽默開始，輕鬆看待問題的嚴重性，找尋更多常理之外的契機，善用幽默的力量，成功將不費吹灰之力。

具有豐富的幽默感，可以幫助個人在工作與事業上，與他人建立起和諧的關係。利用這一層和諧的關係，能夠幫助個人克服自我障礙，同時藉由樂觀的處事態度，更能贏得他人的信賴與喜愛，讓工作的過程更加順暢且愉快，工作績效也就益發明顯了，這就是幽默的力量。

懂得善用幽默的力量，不只讓人在身處的環境中得以自在優游，同時更能刺激創意思考，增加臨場應變的能力，使生活更輕鬆，問題也不再是問題。

既然幽默的力量如此強大，那麼我們又該如何獲得這一份強大的力量呢？

或許，我們可以試試從開自己玩笑開始。

用幽默的方式，表達你的意思

著有《巨人奇遇記》的法國作家弗朗索瓦．拉伯雷，有一次臨時有急事，必須要到巴黎去，可是他身上根本沒有路費，事情又迫在眉梢，究竟該怎麼辦呢？

他想辦法弄來一些有顏色的粉末，一式分成三包，在上面分別寫著：「給國王吃的藥」、「給王后吃的藥」、「給太子吃的藥」，然後來到廣場上，有意無意地讓警察看見這些東西。

果然，警察發覺後，如臨大敵似的，馬上派人把他抓起來，當作重大嫌疑犯送

到巴黎候審。

但是，經過調查，拉伯雷並沒有犯罪的動機，而那些粉末經過檢驗之後，也只不過是加了顏料的麵粉，無可奈何的警方只好把他放了。當然，拉伯雷也成功達到了免費抵達巴黎的目的。

用幽默的心情處理事情

拉伯雷拿自己的自由和名譽開玩笑，竟反而成功地達到他原本的目的，真是將幽默的力量發揮到了極致，若是沒有足夠的膽量、創意和幽默感，恐怕就不能有如此的效果吧！

問題來了，一般人遇到類似的狀況，能想到幾種應變的方法？

當然，我們不敢說什麼樣的方法最有成效，但是別出心裁、出其不意的做法，往往能夠收得意想不到的效果。

像拉伯雷的做法，就不禁令人嘖嘖稱奇，有誰會想到要以謀反的嫌疑來換取抵達巴黎的路費呢？又有誰會這麼做呢？

但是，就是因爲沒有人會這麼做，所以才更有效益。創意，就是能在別人設想不到之處發揮威力。

或許，有些人並不贊成將生命看得太過隨便，總是嚴陣以待地面對生活中的種種問題，但是，我們難道不能夠輕鬆一點來看待嗎？

諸葛亮的空城計之所以能成功，就是因爲他顛覆了司馬懿大軍的常態思考，利用不按牌理出牌的原理來贏牌。

從自我幽默開始，輕鬆看待問題的嚴重性，找尋更多常理之外的契機，善用幽默的力量，成功將不費吹灰之力。

智慧語錄

打破常規的道路指向智慧之宮。

——布萊克

勝算來自明快的決斷

在日以繼夜繁忙且龐大的工作量之下，不需要多費工夫去處理沒有經濟效益的事情，如此才能增進自己的工作績效。

一個人要有遠見，要能從細小的徵兆查明、判斷事情的始末與未來發展的態勢，才能夠在行動上比別人快上一步，決策上比別人多思慮一層。應變起來比別人更積極，當然也就比別人更多了一分勝算。

所謂「快速又有效率」，強調的正是在決斷上勝人一籌，就等於比別人多了幾分獲勝的籌碼。

想要在競爭場上比別人多幾分獲勝先機，前提就在於培養比別人更敏銳的直覺；洞析力強，看事情就更清楚，事情處理起來，自然事半功倍。

用幽默的方式，表達你的意思

《福爾摩斯探案》系列偵探小說的作者柯南道爾，曾經是一位雜誌社的編輯，當時雜誌社的來稿衆多，但雜誌的篇幅十分有限，每一天他都要處理大量的退稿稿件。

有一天，在衆多的來信當中，他看到有一封署名要給他的郵件，信件看起來很薄，顯然不是投稿的稿件。

他拆開一看，是一封質問他的信件，信上說：「我收到您退回給我的稿件了。不過我知道您並沒有把整本小說讀完，因爲其中有幾頁我故意把稿紙黏在一起，但是您並沒有把它們拆開，可見您沒有完整讀完我的小說就下了判斷，退我的稿。您應該清楚，這樣做是很不好的。」

柯南道爾讀完了信，立刻提筆回信。信上寫著：「如果您在早餐盤裡發現一只壞雞蛋，相信您不必把它整個吃完才能證明雞蛋變味了。」

投稿者當然有權要求編輯合理地對待且尊重自己的稿子，但是，柯南道爾在日以繼夜繁忙且龐大的工作量之下，勢必不可能平均地給予每一份稿件相同的時間。而其編輯工作訓練出來的專業素養，也提供了他判斷一篇稿子優劣的能力，是以他能夠在有限的時間內就決定是否要刊登某一篇稿件。

既然各方面的判斷都傳達出文稿很差的訊息，他當然不需要多費工夫去處理沒有經濟效益的事情，如此才能增進自己的工作績效。

用幽默的心情處理事情

日本作家櫻井秀勳曾經這麼說：「不管是什麼形式的批評，最好都要以機智幽默的方式進行。」

投稿者有權來信表達自己的不滿，柯南道爾當然也有權澄清自己的立場。然而，一味叫囂並不一定能夠成功地達到自己的目的，所以他採用一個幽默又無可辯駁的實例，這之中既沒有火氣，又讓人得以認清事實。

他沒有說對方的稿子寫得奇爛無比，卻成功地傳達了自己的態度與想法，如果投稿者眞的讀得懂他的隱喻，必定能夠誠實地面對自己的問題。

由於柯南道爾專業且銳利的洞察力，使得他在編輯的工作上勝任愉快，日後成爲一名優秀的偵探小說家，在一樁樁離奇的案件中，展現抽絲剝繭的優秀推理技能，成功擄獲無數讀者的目光，在偵探文學界幾乎無人能出其右。

智慧語錄

幽默帶來悟力和寬容，冷嘲則帶來深刻而不友善的理解。

——雷普利爾

用尖銳的機鋒進行嘲諷

真正的強者，不會強出頭，而是徹底看破對手的虛張聲勢之後，予以迎頭痛擊，以幽默的語言讓對手自動露出馬腳。

局勢不明朗的時候，我們得加倍增強自己的氣勢，伺機取得更佳的優勢。

在動物的世界裡，雄性動物爲了要獲得雌性動物的注意，或是要搶奪覓食勢力範圍時，通常會以哄抬自己架勢的方式取得競爭優勢。比方說，有些鳥類就會膨脹起色彩斑爛的羽毛或是張開翅爪，藉以威嚇敵人，技不如人或是氣勢不足的就只好拍拍翅膀退出戰場。

類似的技巧，往往也出現在人與人之間的競爭上，有時候即使是輸了人，在口頭上也得不甘示弱，萬一眞的保不住裡子，好歹也得要保住面子。

用幽默的方式，表達你的意思

一九四四年十月，正值二次大戰局勢混亂的時候，珍珠港事變之後，美軍雖然加入戰場，但是戰局勝負仍未明朗。

有一次海上會戰過後，日軍故意造謠美國第三艦隊已經幾乎被擊沒，剩下的零星戰艦則多在撤退之中。這樣的說法，顯然是爲了混淆視聽，打擊美軍其他戰隊的士氣與信心。

因此，美方太平洋艦隊總司令小威廉·F·哈爾西立刻下令廣播：「我軍軍艦已如數被救，目前正朝向日本艦隊高速撤退當中。」一方面回報美軍戰力如常，另一方面也以幽默的語氣諷刺了日軍編造謠言的不軌動機。

日軍就是死命要維護顏面，在戰場上敵我勝負尚未分曉之前，如何能夠先行認輸？更何況如果讓日軍的艦隊聽見了同袍失敗的消息，必定會狠狠地打擊士氣，倘若士兵們均萌生了退卻的念頭，對於日軍的戰況必定更顯危急。所以，日軍廣播的目的就是在於製造成功的假象，期望對於實際局勢尚不明瞭的軍隊，不至於受到情緒上的影響。

然而，同樣的廣播聽在美軍耳裡，卻是大大的不同。明明自己的軍隊仍然堅持到底，甚至已經有了由敗轉勝的局勢，若是讓日軍的擾亂戰術成功，令其他的友艦同袍因此誤判情勢，豈不是反而失去致勝良機？所以，哈西爾將軍當然立刻決定予以回擊。

用幽默的心情處理事情

對付好面子的人，一定要從對方的面子下手，唯有如此才能正中紅心，利用最簡明的言語，直指問題的核心，達到最佳目的。

哈西爾將軍的廣播，不只徹底嘲諷了日軍的行動，更以睥睨的姿態予以回敬，相信美軍的其他艦隊一聽到這樣的廣播內容，一定引以爲笑，無形中反而提升了戰鬥的士氣。

眞正的強者，不會強出頭，而是徹底看破對手的虛張聲勢之後，予以迎頭痛擊。以幽默的語言，尖銳的機鋒，鑽透對手死不認錯的面具，表面上體貼地顧全對方的顏面，實際上卻是想盡辦法，就是要讓對手自動露出馬腳。

智慧語錄

虛榮心是以他人為鏡，而利己心是把他人當作使用的道具。

——弗迪那德·唐尼斯

02

遭受惡意攻擊 要伺機反擊

越是遭人攻擊，越是要冷靜下來，學會自保之道，才不會白白挨打；不論刀來劍來，都要能予以格開並適時反擊。

與其訴苦，不如輕鬆呈現事實

抱怨和訴苦，或許能夠得到部分同情，但卻不足以澄清別人心中的疑慮，倒不如用輕鬆的手法，讓事實自己說話。

想要事情進行得順利，擁有好的工具和方法是一項不可或缺的程序。好的規劃和運作模式，可以將好的創意與構想具體地呈現出來，加上好的管理程序，事情的成效將更顯得卓越。

科技的進步，來自於思想上的躍進，因爲有了新的想法，加上良好的做法，以及鍥而不捨的努力，人類在知識上不斷地求新求變，也讓自己的生活品質更爲舒適，更爲便利。做事情要有方法，更重要的是要有想法，想清楚了，實行起來就能事半功倍。

用幽默的方式，表達你的意思

著名的科幻小說家儒勒·凡爾納是一位多產的作家，光是小說部分的創作，就足足有一百零四部之多，其中《環遊世界八十天》、《海底兩萬哩》等等更是膾炙人口、流傳不歇的傳奇佳作。

由於他寫作的速度實在太快，作品的內容更是充滿想像力又具有深厚的科學知識內涵，因此就有人傳說他的作品並不全然都是他自己寫的，而是私底下有一家寫作公司在支持著他，因爲有公司裡的那些作家和科學家不停寫作，才讓他享有聲名和地位。

這項傳言對凡爾納的聲譽有極大的傷害，但是他本人卻似乎不甚在意，更不曾試圖加以辯駁，放縱流言來去，認爲反正總有一天會眞相大白。

有一位記者針對這個說法，想辦法採訪到凡爾納本人。他來到凡爾納的工作室，表明了自己的來意，只見凡爾納但笑不語，引領著他來到一個房間。房間內擺滿了一排排的櫃子，裡頭有各種書藉和報章資料，更特別的是有一批櫃子裡分門別類地排放了各種資料的整理卡片。

凡爾納微笑指著爲數眾多的櫃子說：「我公司裡的所有員工都在這些櫃子裡，歡迎盡情參觀！」

用幽默的心情處理事情

成功像是一道燦爛奪目的光環，旁人除了成功的結果之外，關於成功之前的種種努力、嘗試與挫折等等，全都如同光環底下的黑暗台座一般，完全視而不見。然而，如果沒有這些先前的努力爲基座，不可能撐得起成功的光環。

凡爾納的成功並不是一蹴可幾的，他也是經過一連串的努力與執著才能夠得到後來的成就，這其中的苦處，不足爲外人道。

抱怨和訴苦，或許能夠得到部分同情，但卻不足以澄清別人心中的疑慮，倒不如用輕鬆的手法，讓事實自己說話。

每一份成功，除了個人的天分與努力之外，更重要的是如何站上巨人的肩膀，好讓自己看得更高，看得更遠。我們或許不必採取過於激進的方法，但是如何記取前人的成功與教訓，對於如何在思想創見上建立穩固的基礎，則會有十足關鍵的影響力。

再怎麼天縱英明的人，都要透過啓發，才有所謂的創新與創見，唯有經過知識的沉澱和轉化，才有可能開創出新的眼界。

智慧語錄

任何一個人若想突然做出驚人的發現，都不符合事物發展的規律。科學總是一步一個腳印地向前發展，每個人都要依賴前人的工作。

——歐內斯特．盧瑟福

遭受惡意攻擊，要伺機反擊

越是遭人攻擊，越是要冷靜下來，學會自保之道，才不會白白挨打；不論刀來劍來，都要能予以格開並適時反擊。

無論是科學上、歷史上，甚至心理學方面，都沒有足夠的事證可以解釋爲什麼有些人總是會出現故意爲惡、傷害他人的行徑。但是，不可否認的，人類社會自古以來總是不乏強欺弱、大欺小的事件發生。

無論在校園裡，或是在社會上，種種彼此傷害的現象未曾消絕。有時候，傷害者甚至毫無任何正當理由，只爲了滿足一時之快罷了，但是受到傷害的人卻得長期背負痛苦。

因此，保護自己是一種當然且必要的反應，只要不是防衛過當，遭受攻擊的時候，至少要懂得閃避或伺機反擊，以免平白受到傷害。

用幽默的方式，表達你的意思

擁有「睿智的議會雄辯家」之稱的愛爾蘭劇作家理查德．布林斯利．謝里登，口才之犀利不難想像，在議會和日常生活許許多多的場合裡，他更是鼓舌如簧爲人排憂解難。

有一次，謝里登在下議院裡，與另一位議員發生了爭執。由於他實在對這位議員習慣說一套、做一套的行爲感到憤慨，便忍不住當面指責他是個騙子、說謊家。那位議員立刻一狀告到議長那裡去，第二天，下議院議長便要求謝里登必須向那位議員道歉，因爲他的話帶有侮辱性。

謝里登聽了，回答說：「我是說過那位尊敬的議員先生是個說謊家，此話一點兒也不假，對於此我實在深表歉意。」

言下之意是他認爲自己不過陳述事實，豈有道歉之理。

又有一天，謝里登剛從朋友的住處返回自己的家，走到倫敦街上時，恰巧迎面走來兩個皇家公爵，這兩個人模人樣的豬頭平時總喜歡有意無意地挖苦這位作家出身的議員。只見他們兩人很親熱地與謝里登打了招呼，其中一個更拍拍他的肩膀說：「喂，謝里登，你猜我們剛剛在聊什麼？我們正在爭論，到底你這個人是無賴呢，還是蠢蛋？」

謝里登輕笑了一聲，說道：「喔，依我看呢，」說時遲，那時快，他一把抓住他們兩人的衣襟，然後站在他們兩人中間，「我相信我正好處於這兩者之間，這就是答案。」

用幽默的心情處理事情

謝里登的嘲諷是屬於暗諷式的，表面上幽默且毫不在乎，但實際上卻是掩去了鋒芒的銳器，若是不小心，可是會遭受暗傷而有苦說不出的。

當然，謝里登的暗諷並非故意傷人，只是更懂得保護自己遠離傷害，勇敢面對無謂的攻擊且予以反擊。

鶴立雞群的人物，總是特別容易成爲受人攻擊的標靶，但這並不表示他們就有必要乖乖地站著任人欺負。越是遭人攻擊，越是要冷靜下來，學會自保之道，才不會白白挨打。

我們可以不用要求自己凡事必要勝過他人，也可以不用逼迫自己處處走在尖端，但是我們必須站穩自己的腳步，不論風來雨來，都要能穩定地繼續往前走；不論刀來劍來，都要能予以格開並適時反擊。

不要爲了利益而去傷害別人，也不要忘了保護自己，才能眞正安身立命。

智慧語錄

要以十當百來對抗的力氣，自己是沒有的。但是要用以十當十的力量來對抗，這是做得到的。

——山本周五郎

想要說服，先想好一套說詞

> 如果你堅信自己的想法是對的，請堅定自己的腳步，以實證去說服，真理如真金，豈會怕火煉。

所有聖哲道理都勸導我們，爲人應該誠實，不妄言、不打誑語，待人眞誠，行事純樸、平實。

然而，我們卻很明白，有時候，說眞話並不一定眞的都有好的結果。

假設你在一名極爲怕老的婦人面前，稱讚她滿頭銀絲極有氣質，眼尾紋路多麼睿智，試問，這樣的奉承聽在她的耳裡，是開心還是氣憤呢？

又或者，你在一名作家面前當衆指出他作品中的錯誤，他或許應該感謝你，但想必不會太喜歡你，畢竟，你的實話在當時可能相當令他難堪。

除此之外，有些過於先進且前衛的事實，由於超越了一般人所能理解和接受的範圍，提出來的時候，往往會遭受到極爲嚴厲的批判與攻擊。即使日後水落石出，誰是誰非不容辯駁，但是在當下可能會有令人極度難堪的場面，提出者恐怕多少要有點心理準備。

用幽默的方式，表達你的意思

據說十七世紀末、十八世紀初時，有一位科學家霍爾丹與天主教牧師羅克納·諾克斯恰巧聊及了各自學術上專精的領域，當時，諾克斯對於霍爾丹的一些科學上的理論頗不以爲然。

霍爾丹提起了自己在天文學上的研究，推論在宇宙間應該還有其他的生命存在於其他星球。

他說：「在宇宙之間存在著無數顆行星，難道就不可能有某一顆行星上，有其他的生命存在嗎？」

霍爾丹依據科學家實事求是的精神，認爲在沒有親眼證實之前，是沒有辦法直接得到否定的答案的。換言之，除非能夠探遍每一個星球，否則豈可論斷宇宙間沒有其他生命存在。

但是，強論以人爲本的宗教家諾克斯，則不作此想，忍不住嗤之以鼻說：「霍爾丹先生，照你這麼說來，如果倫敦警探在你家中的大衣櫃裡發現了一具屍體，你就大可以對他辯稱，世界上有這麼多衣櫃，說不定不只這個衣櫃裡有屍體，而要求警察先去清查世界上所有的衣櫃吧！」

諾克斯的態度擺明了就是不相信其他星球可能有生命存在，即使霍爾丹說破了嘴，也得不到他的認同，一場談話只好草草結束。

科學的進步，往往來自於思想的革新，唯有革除舊思想，才能夠從創新之中獲得新的啓發。

以歐洲的歷史來看，科學與宗教經常處於對立的狀態。哥白尼在自己的著作《天體運行論》中提出地動說，認爲地球繞著太陽轉動，而非天上各種行星繞著地球轉，這個理論徹底顛覆了天主教的中心思想。

後來，伽利略追隨哥白尼的腳步，發明了望遠鏡，也證實了哥白尼的理論確實無誤。人類在天文學上的發展，無異跨越了極大的一個階段，朝向未知的科學有了更進一步的體認與認識。

然而，歷史也告訴我們，哥白尼在有生之年，並不敢直接與龐大的宗教體系正面衝突，而是將自己的理論以拉丁文寫作，目的就是要限制有心人的閱讀。

至於伽利略，雖然他發現了科學新知，也確實爲後人在天文學等領域奠定了更高的基礎，但是，他的學說卻也爲他惹來了殺身之禍。

就知識的角度而言，科學家的發現，自然是求新求實，無論是否對人類社會有具體的幫助，都是提出一套理論解釋了某一個領域。

越是新的思想與概念，越會對沉浸在原本知識範疇中的人造成震撼。每一項新的說法，可能是一種建設，也可能是一種破壞，想要確實爲人所信，勢必得經過層層的考驗才能獲得認同。

所以，何必對別人的無知感到憤怒？如果你堅信自己的想法是對的，請堅定自己的腳步，以實證去說服。要切記，眞理如眞金，豈會怕火煉？唯有經過烈火鍛燒後，生鐵才能進化成鋼，永不鏽蝕。

智慧語錄

未證明不可能之前，一切都有可能——即使現在不可能，未來仍有可能。

——賽珍珠

扯得上關係，就會讓對方感興趣

與其花時間向一個完全聽不懂的人說明你的做法，不如以對方聽得懂的方式將情況概述一遍，直接把結果和對方扯上關係。

創見最大的特色就是超越一般人的想法，以新的面貌、新的路徑、新的方法來施行解決方案。

有時候，創見能夠給予人耳目一新的感受；有時候，創見看起來荒誕不經、毫無邏輯；有時候，創見更會因爲實證不足而不受信任。

然而，如果每個人都因循既往，不敢踏出未知的新腳步，那麼歷史將因此停滯，科技也同樣阻礙不前，社會當然更不可能有所進步。

因此，不要害怕自己的想法別被人嘲笑，你現在缺乏的只是還沒和對方扯上關係而已，一旦扯上關係，對方自然會對你的想法感興趣。

用幽默的方式，表達你的意思

法拉第是英國十九世紀時相當著名的化學家與物理學家，在物理和化學領域上的發現，對後代物理學與化學發展有極大的貢獻。其中最爲知名的，就是他發明了世界上第一架發電機，爲工業發展帶來了極大的進步，也讓人類的生活有了更進一步的躍進。

法拉第對科學知識的探求相當執著，有時光是爲了一項研究，可以一而再、再而三地不斷實驗，一次又一次地進行種種測試，百折不撓直到成功了才肯罷休，而且很快又會再度展開新的研究進度。

他對於研究的熱情與投入，看在一般人眼裡往往迷惑與不解，特別是法拉第進行研究時，並不會刻意考量研究的未來性與獲利性，所以有些人總是搞不懂他這麼做到底有什麼樣的好處。

有一天，法拉第在進行實驗時，剛好一位熟悉的朋友前來拜訪。這名朋友名爲格拉道斯頓，是一名稅務官，一向對法拉第的行爲表示憂心，認爲他過度投入那些無謂的研究，常常把正事耽擱了也毫不在乎。

格拉道斯頓一看到法拉第又是從實驗室裡走出來，顯然想隨便聊幾句話就回去繼續做實驗，忍不住又數落了法拉第一頓。他問：「你花了這麼大的力氣去做那些莫名所以的鬼實驗，即使成功了，又有什麼用處？」

法拉第聽並不生氣，只是則輕描淡寫地回答：「好吧，這麼說吧，要是我成功了，不久你就有稅可收了。」

用幽默的心情處理事情

以這名朋友的觀念與想法，相信就算法拉第說破了嘴皮，將他的實驗如何詳細地解說，對方還是聽不進去，或是有聽沒有懂，只是浪費口舌罷了。

所以，法拉第捨棄了複雜的研究過程與計劃，只簡單地交代了最後的成效與結果，又與朋友的專業領域搭得上關係，也算是一種最佳的回答了。相信從他的角度來理解這項研究的未來，心態必定會改觀許多。

所謂「隔行如隔山」，在每個人的專業領域裡看似稀鬆平常的東西，到了另一個截然不同的領域之中，可能就變成了艱澀難懂的事物了，是不是內行人，一試便知道。

一般人對於自己不熟悉的範疇，心裡多少會存有些芥蒂，通常也不會有什麼特別的興趣，甚至一點也不想深入去了解。

與其花時間向一個完全聽不懂的人說明你的做法，不如以對方聽得懂的方式將情況概述一遍就好，或者學學法拉第的做法，直接把程序跳到最後的結果，也直接把結果和對方扯上關係。雖然對方不見得真的很感興趣，但是如果他想深入了解更多，他就會主動發問，不是嗎？

所以，一味滔滔不絕地談論自己感興趣的事情，而不顧慮他人的情緒，就容易把話題談死，把氣氛搞僵。

對於自己的信念和創見，我們大可以自身最大的毅力堅持，必要的時候更要懂得將自己的想法推銷出去，但是，對於那些聽不進去的人，或許就可以不用白費力氣了。

若是對方剛好是關鍵人物，非說給他聽不可，那就得好好想出個辦法，把這個想法以及計劃和對方扯上關係，對方才有可能漸漸打開心防，任何說明與意見也才有進入對方耳裡、心裡的機會。

智慧語錄

在一隻螃蟹看來，一個朝前行走的人要多蠢有多蠢。

——利希滕貝格

用智慧替自己創造機會

心想事成，是需要付出代價的，沒有提出需求，沒有實際行動，試問，心裡期望的事情又如何有成功的可能呢？

機會只有一個，誰能雀屏中選呢？理論上當然是由能力最強的人獲得，但是事實上往往是由最爲積極主動的人獲得。

每到了畢業季，總有大批青年學子走入職場，應徵、面試……各種表現攸關著誰能進入福利較佳的企業，誰能得到心裡渴望的職位，誰能獲得較好的報酬。如何突顯自己的優點與需求，將是勝利的立基點。

詩人斯克爾頓有一次參加宴會之後，由於酒喝多了，時間也晚了，於是決定先暫時住進一家小旅舍休息一晚，第二天再返家。

到了半夜，他因爲口渴而醒過來，但是在房裡四處找不到水瓶，偏偏又渴得厲害，於是大聲呼喚夥計。可是喊了老半天卻一個人也沒來應他，他又喊了自己的馬伕，可是也不知道馬伕跑哪兒去了。

突然，口乾舌燥的他靈機一動，打開房門大聲喊道：「失火了！失火了！快救火啦！」

頓時，整個旅店沸騰了起來，到處亂成一團，所有的人都被驚醒。

斯克爾頓並不罷休，仍繼續喊叫，不一會兒馬伕和旅店夥計就全拿著蠟燭衝了進來，每個人都在問：「火在哪裡？火在哪裡？」

斯克爾頓煞有其事地指著自己的喉嚨，急促地說：「這裡，火在這裡，我的喉嚨乾得快燒起來了，快端水來救火！」

用幽默的心情處理事情

斯克爾頓刻意誇張，目的並不是在找人麻煩，而是要將自己的需求突顯出來，讓人重視自己的要求，才有可能讓自己的需求獲得滿足。

不少人講求客氣，遇到事情即使心裡有所不滿，通常也會在表面上保持風度，個人心裡即使有所需求，往往也不好意思當眾表達出來。

然而，需求如果不能適時地表達出來，而是期望別人能夠主動覺察，顯然是一種被動的做法，當對方無法及時體貼地察覺時，心裡的沮喪豈不是更加倍顯著？

就好像男孩對女孩有好感，如果連表白的勇氣都沒有，又怎麼能夠說女孩一點機會都不給呢？說不定女孩根本完全沒有察覺對方的心意。

心想事成，是需要付出代價的，沒有提出需求，沒有實際行動，試問，心裡期望的事情又如何有成功的可能呢？

反過來思考，如果能夠適當將自己的想法釋放出來，而有人剛好可以提供協助，不就正好能知道誰是恰當的協助對象？

把自己的需求說出來並不可恥，要給自己更多足以完成需求的機會與空間。爲了自己的目標，持續不斷地努力，用幽默的手法善用周邊所有的資源，夢想成眞的機率將無限提升。

智慧語錄

毅力是成功的先決條件，如果你不斷地用力敲門，總會有人應門的。

——亨利·朗法羅

亂提問題，小心自討沒趣

對方不是真心想要得到忠告的時候，不必費心給予建議，因為心裡有了想法的人，其他的意見再多再好，也聽不進去。

人不是萬能，每個人都有自己的限制，也都有做不到某件事的時候。在這種時候，向別人尋求協助，是理所當然的做法。

人的思考，儘管盡可能地朝向多方面設想，終究還是會有個人觀點顧及不到的地方，在這種時候，我們也當然會希望能夠得到他人的意見與建議。

用幽默的方式，表達你的意思

對於某個領域學有專精的人，通常會被人稱之爲專家，只是戴上「專家」光環的人，可能常常被視爲無所不能，因而得面對許多令人哭笑不得的問題。

知名劇作家蕭伯納就曾有過類似的經驗。

有一次他參加一場宴會，晚宴的時候，恰巧被主人安排坐在一位紡織廠經理的妻子的對面。

這位女士身材極其富態，說起話來又是嬌聲嬌氣，全然是一副富家貴婦的模樣，令蕭伯納頗爲不耐。

她笑著問道：「蕭伯納先生，請問你知不知道哪一種減肥藥比較有效？」

對這個蠢問題，一向機智幽默的蕭伯納裝作正經八百的模樣，一手捻著嘴角鬍鬚，看著富太太回答：「哪一種藥最有效，我不是太清楚，倒是知道一種頗

有良效的藥方。只可惜，我怎麼也翻譯不出這個藥名，畢竟勞動和運動這兩個字詞，對您來說實在是道地的外國字啊！」

想必當時那名貴婦一定滿臉尷尬，不知該哭還是該笑。蕭伯納的言詞尖刻是出了名的，富太太此問自然是自討沒趣，更何況放任自己享樂而不運動的人，絕對是富太太自己。

用幽默的心情處理事情

專家並不是全能的，只是對於自己熟悉的領域有多一點的認識，至於他們對不熟悉的領域的了解程度，其實也與常人一樣。蕭伯納雖然是著名的劇作家，並不表示他的知識無窮不盡，再說富太太之所以會詢問蕭伯納減肥的問題，八成也是因爲蕭伯納身材瘦削，才會想要請教。

可是，經常被拿身材做文章的蕭伯納，對於這一類的問題自然特別敏感，回應起來就不免酸言酸語。事實總是殘酷的，想要減重又不運動，如果不是無知就是自欺欺人，蕭伯納指出的事實，剛剛好刺中富太太的致命傷，直接又不著痕跡，著實機智過人。

很多時候，我們所問的問題其實並非眞的希望得到答案，抑或自己心裡早就有了答案，只是不想承認或面對而已。

這種時候，被詢問的人很容易覺得不受尊重，心裡也會不好受，心裡的負面感受多了，情緒也會跟著受影響，說出來的話自然不會有多好聽了。

所以，爲了不讓自己無謂招來怨敵，行事不妨小心一點，不是眞正想問的，不是眞正困惑的問題，不要隨意問出口。同樣的，對方不是眞心想要得到忠告的時候，不必費心給予建議，因爲心裡有了想法的人，其他的意見再多再好，也聽不進去，就好像一個倒滿水的杯子，該如何再往裡面倒水呢？

智慧語錄

勸告很少受人歡迎；最需要勸告的人，永遠最不喜歡接受勸告。

——奇斯特菲爾德

觀察敏銳，就會獲得更多機會

敏銳的觀察力並非某些專家的專利，而是每個人都能訓練的能力，對於生活的種種細微徵兆便能夠及早覺察並有所準備。

身爲一名科學家，最重要的能力就是要有比常人更加敏銳的觀察力，唯有觀察敏銳，大膽假設小心求證，才能在實驗與研究中獲得顯著的成就。

其實，觀察力的敏銳度的培養，對每個人在日常生活中的事務處理也有極大的幫助。不論是商業活動、職場生涯規劃等等，若能夠善用個人的觀察力，往往具備了攻守優勢，也能夠爲自己爭取更多良機。

用幽默的方式，表達你的意思

以推理小說聞名世界的英國作家柯南．道爾，筆下的《福爾摩斯探案》系列作品，至今仍然受到無數讀者的歡迎。當然，推理小說家所需要的觀察力更是得勝過凡人。

有一次，柯南．道爾從法國南部渡完假來到巴黎，剛出火車站，他就伸手召來一輛出租馬車。

車一停，他先將旅行箱放上車，而後坐入車廂裡的座位。令人訝異的是，他還沒開口說出自己的目的地，就聽到車伕問他：「柯南．道爾先生，您好，請問打算上哪兒去呢？」

柯南．道爾一聽，感到有點驚訝，問道：「咦？我們認識嗎？」

車伕回答：「不，我與柯南．道爾先生您未曾謀面。」

這下可引起了柯南．道爾的興趣了，不禁好奇地問：「那你怎麼會知道我是柯南．道爾呢？」

馬車伕笑著說：「這個嘛，我是在報紙上看到你到法國南部渡假的消息，又看到你是從馬賽開出的那列火車下來，而且您的皮膚略顯黝黑，看起來就像是在某個陽光充足的地方至少待上了一個多星期。再來，您的右手指上有一塊墨漬，說明您一定是時常用筆的人物，加上您有著那種外科醫生才有的敏銳目光，與英國士紳的服裝，種種跡象顯示，您絕對是柯南．道爾沒錯。」

柯南．道爾聽了大吃一驚，想不到一名小小車伕竟有如此精準的觀察力和推理力，因而對車伕說：「既然你能夠從這些細微的觀察裡認出我來，看來你和福爾摩斯已不相上下了。」

聽到柯南．道爾的稱讚，車伕笑開了嘴，問明了目的地之後，便揮鞭動身送柯南．道爾前往。

下車的時候，柯南．道爾向車伕道了謝，也給足了車資與小費。就在柯南．道爾提過車伕交給他的行李，準備離開的時候，車伕竟再度叫住他，狡黠地說：「柯南．道爾先生，您知道我猜出了您的身分，但是，有一點您還不知道。」

柯南．道爾疑惑地問：「哪一點？」

「就是您的旅行箱上剛好寫著您的名字。」

用幽默的心情處理事情

即使觀察力敏銳如柯南．道爾，這下也不得不佩服這名車伕，竟能透過一些細節反過來對他開了這麼一個大玩笑，而且恐怕也不禁得要反省自己在觀察功力上的輕忽之處。

由此可見，敏銳的觀察力並非某些專家的專利，而是每個人都能訓練的能力。培養精準的觀察力，對於生活的種種細微徵兆便能夠及早覺察並有所準備。

所謂「防微杜漸」，若是不能在平常就不斷強化對周遭事物的關注力，又如何能夠察覺出局勢已有什麼樣的變化，當然也就不能預先準備因應的對策，反應上也就容易失去先機。

就像故事裡的那名車伕一樣，或許他並不像福爾摩斯一樣是一名聲名大噪的偵探，但是他同樣可以利用自己的觀察能力，爲工作提升更高的效能，令客戶對他產生更爲深刻的印象。

成功的路徑並不僅只一種，但是成功的原則和邏輯往往有跡可循，只要能掌握住技巧並適時加強各種能力的養成，就能夠一步一步往成功的標的前進。

智慧語錄

應當學會觀察，再觀察。不學會觀察，你就永遠當不了科學家。

——巴甫洛夫

用幽默的話語化解緊張情緒

我們無法確定我們會在什麼時候遇上危機，但是我們至少能夠學習以最冷靜、最坦然的態度去面對，以幽默的話語化解緊張情緒。

危機之所以出現，通常是因爲沒有心理準備，如果不能臨機應變，一個比一個還要焦急，任由慌亂的情緒彼此感染，事情失敗的機率就高了。

危機出現的時候，身爲領導者，更要有一份勝過旁人的冷靜，才能夠穩定住軍心。就像風雨中顛盪的船隻，有了穩固的舵手，才能有驚無險地朝向黑暗中的明亮燈塔駛去。

在慌亂的時候，只要有人能率先冷靜下來，漸漸地就能影響周遭的人，在一心同體的狀況下，一同面對危難，共度難關。

用幽默的方式，表達你的意思

西元一九五一年時，美國知名的喜劇劇作家斯克爾頓和朋友一同搭機前往歐洲觀光，他個人之後還要趕往倫敦雅典娜劇院演出。

當飛機越過阿爾卑斯山的時候，左右三個引擎突然同時故障，紛紛熄火。

當時局勢非常危急，駕駛員只能利用剩下的一個引擎，在某一處較爲平緩的山坡迫降。

當空服員告知迫降的消息之後，機體的震盪也越來越劇烈，乘客們紛紛驚慌了起來，有人尖叫、有人低聲禱告，誰也不想這架飛機發生最令人遺憾的事情。

機艙裡一片亂哄哄的景況，連空服員都快要安撫不了了。

這時候，斯克爾頓突然說起一段逗趣的台詞，原來他正扮演著他最受歡迎的一齣劇碼中的一個丑角。由於他的表演極爲精采，成功地分散了一些乘客的注意力，機艙裡的緊張氣氛才稍顯和緩。

不久，駕駛員總算傾盡全力，穩穩地將飛機停在一片斜坡上，幸好油箱沒破，沒有爆炸的危險。這時所有的乘客都像及時逃離地獄之門一般喜極而泣，人人歡欣鼓舞，開心得不得了。

斯克爾頓也恢復原來的聲調，對大家說：「現在，各位女士先生們，二十分鐘前承諾上帝要改過的壞習慣，全都可以恢復了。」

用幽默的心情處理事情

斯克爾頓的幽默感，除了讓自己在危急的時候冷靜以對之外，更可以幫助他人一同以樂觀豁達的態度來面對危難。

斯克爾頓遭遇的情況，假如最後眞的不免一死，那麼急也是死，不急也是死，又何必急得像熱鍋上的螞蟻呢？若能夠將慌亂的心情平靜下來，冷靜思考，說不定反而會有一線生機。

試想，如果有乘客因爲過度慌張而離開座位，在飛機失去穩定的情況下，勢必會造成更嚴重的傷害；而在機艙混亂的局勢下，駕駛員也勢必無法專心應對迫降時需要的沉著精準行動，一旦出了差誤，極可能就是飛機墜毀，反令全機的旅客失去求生的可能。

在當時的狀況，全機的旅客只有一件事情能做的，就是安靜下來，穿上救生衣，將自己固定在座位上，然後全心信任駕駛員與空服員的指示。唯有如此，才能在保護自己最安全的狀態下，追求所有人的生存。

斯克爾頓很明白慌亂在當時對於所有乘客可能的損害，於是使出了渾身解數，逗乘客們發笑。

笑開了，注意力也會被成功轉移。反正擔心也無濟於事，何不專注於眼前的精采表演，情緒也多少會冷靜下來。

後來，飛機迫降成功，機上旅客雖然幸運生還，但仍然面臨在冰天雪地中等待救援的景況，這時斯克爾頓一記回馬槍的幽默話語，再一次利用笑聲化解乘客們緊張的情緒。

我們無法確定我們會在什麼時候、什麼場合遇上危機，或許我們並沒有立即的解決之道，但是我們至少能夠發揮本身的機智幽默，學習以最冷靜、最坦然的態度去面對。

智慧語錄

我已經學會了安於命運，並且總是力求在日常的鬱悶生活中找出一點小樂趣。

——瑪麗．S．居里

03

用幽默創造
出其不意的效果

不管是什麼樣的境況，都要在幽默與創意的推波助瀾之下，順時順勢為自己謀得成功的契機。

從側面反擊，使對手無力還擊

對付敵人並不一定只有硬碰硬一個方法，有時候要點假動作，再攻對方一個出其不意，反而更有得分的可能性。

想要立於不敗之地，就要有接受批評的雅量，先站穩腳步，即使被砲轟也屹立不倒，聽完之後再針對對方的弱點立時予以反擊。

不認輸，是一種態度，自省自問沒差沒錯，就沒有必要屈從於權威，站穩了腳步，等待風雨過後，誰的本事高自然見分曉。

面對惡意的批評，你大可以表面上微笑虛心接受，轉過身再嗤笑對方見識不廣，或是靜待謠言不攻自破；你也可以選擇主動出擊，擊潰對方的立基點，讓對方難以自圓其說。

大家都知道即便是寫實小說裡面也含有虛構的成分，這個成分來自於作者的想像與借用，目的就在於讓故事內容變得更多采多姿，更豐富生動。

美國幽默派作家馬克·吐溫卻遇過一個不愉快的經驗。有一次，一位向來喜歡在雞蛋裡挑骨頭的批評家，公開指責馬克·吐溫說謊，認爲他在作品裡面的多處描寫顯然有誤導讀者之嫌。由於這位批評家在細節的眞實性上極度吹毛求疵，因此在當時的文壇引起了不小的波濤，加上他指稱馬克·吐溫說謊的用詞強烈，標題也相當聳動，這件事很快就傳進了馬克·吐溫的耳裡。

馬克·吐溫聽到這件事之後，果然不改其個性，立刻挖苦反擊。

他問那人是不是也會說謊，那人當然馬上搖頭否認。

於是，馬克．吐溫便說：「假如你自己不會說謊，也沒有說謊的本事，更沒有一丁點關於說謊的知識，那麼你又如何能夠判斷我是不是在說謊？只有在這方面經驗豐富的人，才能夠這樣明目張膽而且武斷地指控別人，既然你並沒有說謊的經驗，顯然你是一竅不通又硬要充內行的人吧！」

幾句話就把對方評論的可信度極度打壓，如果那位批評家沒有足夠的幽默感，恐怕會氣得一句話也說不出來，氣到吐血也無能爲力吧？

用幽默的心情處理事情

對付敵人並不一定只有硬碰硬一個方法，有時候要點假動作，再攻對方一個出其不意，反而更有得分的可能性。

在對方發招的時候，沉穩應對；在對方以爲攻擊得當的時候，反過來先拆了對方的台，讓對方站不住腳，相信是一種積極卻又不莽撞的戰略。就算對方手執兵器揮劈而來，只要小心蹲下低頭，閃過鋒芒，就有機會反向橫掃對方下盤，讓對方摔個四腳朝天。

馬克．吐溫便是運用幽默，採取了一個釜底抽薪的方法，先假裝攻擊，質問對方是否說謊，等到對方矢口否認之時，再反過來以專業打擊專業，指出既然不會說謊，又怎麼知道別人說謊。

雖然他的話語充滿詭辯，但卻著實破解了危機，成功反擊對手。

燒去敵軍的糧草，截斷後援，便是從根本拔除危機的治本方法。一味和人爭吵得面紅耳赤，不只看起來沒有氣度，更可能被人嗤笑爲惱羞成怒，何苦呢？

表現得越冷靜，越有可能找到對方的弱點，甚至利用對手的絕招反擊回去；越能夠找到治敵之方，心底越踏實，表現出來的也就越冷靜。

智慧語錄

這是戰爭中的一條萬古不易的公理，確保你自己的側翼和後方，而設法迂迴敵人的側翼和後方。

——腓特烈

用幽默的場面話說出真心話

唯有對方敞開了心房，真心話才聽得進去，幾句幽默的場面話，就能夠讓環境的氣氛大大改變。

抬頭仰望星空，你就不會介意腳下的泥濘；凡事先看光明面，就容易對自己產生自信心，也會對事情抱持一定的希望。這些想法都能夠產生新的動力，幫助我們把事情處理得更爲順暢。

如果，事情還沒開始做就擔心這個、擔心那個，覺得這種做法有問題，覺得那種做法不可行，等於是還沒起步就先唱衰自己。

或許最後事情仍可完成，但是在進行的過程中必定始終抱持著不安全感，根本不確定自己能不能成功。

過度悲觀，其實是一種自我設限，不只限定了自己前進的腳步，也限定了自我發展的可能性。

把問題放到人際關係上頭，其實道理還是一樣的。我們往往很容易看到對方的缺點，卻很少去注意對方良好的特質，可是一個人不可能一點缺點也沒有，當然也不可能一點優點也沒有。在人與人之間的相處中，多留心對方的優點，其實也是一種良好的情感潤滑劑。

特別是批評與談論的時候，更是要先從好話說起，批判時小心修飾詞語的運用，對方也就比較能夠接受你的說法。

用幽默的方式，表達你的意思

十六世紀末期，英國有一位精通古希臘文學的學者名叫理查德·波爾森，在當時的文學評論界享有極高的聲名。有許多文學家、創作者，都希望波爾森能爲自己的作品提出一些見解與看法，若能得到他的評論支持，也等於是在該領域裡有了雄厚的靠山。

有一位年輕的詩人，名叫羅伯特．索錫，也將作品拿來請波爾森指教，想聽聽他對自己的作品有何看法。

波爾森花了一些時間閱讀索錫的作品，雖然索錫是個認眞寫作的年輕小伙子，但是他的作品實在難登大雅之堂。於是，當索錫再度前來拜訪的時候，波爾森邀他坐下喝茶，態度懇切地對他說：「你的作品肯定會有人讀的……」

話還沒說完，索錫就忍不住面露得意之色，波爾森接下來繼續說：「只要等到莎士比亞和米爾頓被人遺忘的時候。」

這下子，索錫可有點掛不住面子，但在波爾森的說明之下，他很清楚自己的作品仍有很大的進步空間，便虛心向波爾森請教改進之道。

如果波爾森並不想幫助索錫，大可對索錫的作品打個中等分數，或說些模稜兩可的話，既不傷人，又不必負責任。

但是，他卻選擇直述索錫的缺點，證明了他其實是誠懇地看待這件事情。再加上他也顧及了說話的技巧，先從好話說起，再提對方的缺點，如此一來便能使人產生「事情並沒有那麼糟糕，一切都還有救」的感覺。

索錫若是眞心想讓自己的作品有所進步，就能夠體會到波爾森的用心和做法，進而想辦法加強自己的實力。

好就是好，不好就是不好，其實是很直覺、主觀的判斷，沒有什麼需要掩飾的。但是，透過說話技巧的修飾，我們卻能讓勸勉的話聽起來不那麼刺耳，讓批評的話聽起來不那麼傷人，只是就事論事，而非人身攻擊。

萬一不得已必須提出批評時，不妨先試著說些幽默的場面話，緩和一下氣氛，千萬要記住成功學大師戴爾·卡耐基的叮嚀：「先讚賞之後再批評，會讓別人的心理好受一點。」

場面話，聽起來有點虛假，卻能夠拉近彼此的距離，有了攀談的媒介與開頭。唯有對方敞開了心房，真心話才聽得進去，幾句幽默的場面話，就能夠讓環境的氣氛大大改變。

選擇從光明面出發，往往能收得正面加乘的效果。

智慧語錄

注意別人的缺點，那你就會處處碰到敵人，把自己陷入孤立無援的灰暗之中去。

——羅蘭

用幽默的口吻表達自己的信心

以幽默的口吻突顯自我的風範。一個人的氣度來自於自我的表現，對自己有信心，對工作有熱情，生命的光芒便永不熄滅。

雖然我們可能常抱怨工作佔據了我們太多的時間，耗費掉太多的精力，但是想像一下，如果真的有一天我們什麼事都不必做，也什麼都不能做，其實那樣的生活不見得是我們想要的。

工作，不只讓我們以勞力與智力換取維生的報酬，也提供我們一塊揮灑自我、尋求認同的園地。

找尋到一項自己喜愛的工作，進而發展成自我成就的事業，相信是每個人企求的一種想望，也是每個人生命的另一種進程。

有些人怕老，有些人怕死，有些人卻有著對事業的熱情，老死不亂於心。

美國科學家愛迪生，一生中發明了無數的器具與用品，其中最著名的就是電燈泡與留聲機，爲人類的生活提供了更多的便利與舒適，也影響日後的無數發明。

當然，愛迪生的發明並非每一項都極有用處，也不見得每一種都受人重視，但是這些都影響不了他持續創作發明的行動，因爲創作與發明正是他個人的興趣所在，也是他一生的熱情發光發熱的出口。

愛迪生到了七十五歲高齡時仍然每天到實驗室上班。

有位記者在訪問他的過程中，也提及了這個問題，好奇地問：「愛迪生先生，請問你打算什麼時候退休？」

愛迪生聽了，笑了笑，接著露出一副爲難的樣子說：「眞糟糕，我活到這個年歲還沒來得及考慮這件事呢！」

用幽默的心情處理事情

對於愛迪生來說，工作不只是在工作，而是在做自己喜歡做的事，是在進行對自我的挑戰。

保持對工作的熱情，不只會在工作場合上表現更好，也將活得更快樂。

每一天都是可以發揮自我的時刻，每一項工作的完成都有著自我成就的價值，能夠這麼想，工作還會是一種枷鎖嗎？事業還會是一種束縛嗎？學會享受工作，就不會留心工作時的辛苦，而能夠眞正採擷到豐收的果實。

有些人非常介意年紀，害怕有人說他年老，這是因爲他們將年老與不中用扯上了關係。其實，年紀和能力並沒有太大的關聯，因爲年輕人有年輕人該做的事，老年人有老年人能夠揮灑的天空，只要你還能動，你就能夠在自己的能力範圍裡找到你能做得很好的事情。

像愛迪生被記者突如其來提及的年紀問題，不管記者是有心還是無意，他都沒有像一般老人對這件事情產生不悅，抑或勃然大怒，反而以幽默的口吻表達出自己對事業的專注與盡心，突顯了自我的風範。

一個人的氣度來自於自我的表現，對自己有信心，對工作有熱情，生命的光芒便永不熄滅。

智慧語錄

我以皺紋為榮，視之為不凡的動章。皺紋是我辛苦賺來的。

——瑪姬．庫恩

與其亂拍馬屁，不如鞏固實力

阿諛奉承的話語，雖然有一定的效果，但卻不是萬無一失的策略，以好的內涵留住人心，才有真正的意義。

拍馬屁，是使自己能夠順利行事的一種手段。

每個人多少都愛聽好話，喜歡被人稱讚，樂於受人喜愛，因此，適時適當的溢美之辭，往往會有事半功倍的效果，得以使事情進行得益發順暢。

可是，拍馬屁之前，一定要先做功課，更重要的是，馬屁得要輕輕拍，看準了再拍，拍得恰到好處，否則一掌拍到馬腿上，小心馬兒吃痛憤而回敬一腿旋空踢，那可就吃力不討好了。

用幽默的方式，表達你的意思

印度文豪泰戈爾有一次接到一女士的來信，信上通篇表達了對泰戈爾的喜愛與敬仰，信末更寫道：「您實在是我最敬慕的作家，爲了表示我對您的敬仰，打算用您的名字來爲我心愛的哈巴狗命名。」

泰戈爾後來回了一封信給這位女士，在信上註明：「我同意您的打算，不過，在命名之前，妳最好和哈巴狗商量一下，看牠是否同意。」

這名女士的動機顯然並不是想要羞辱泰戈爾，而是眞的敬好他的文名，希望能與他常伴左右，進而移情於自己鍾愛的小狗。

泰戈爾當然也猜得出女士的心意，只

是聽到自己與狗同名，被呼來喚去，或許並不是那麼令人愉悅的一件事，而且，要爲自己的狗取什麼名字是主人的權利，泰戈爾同不同意似乎也不具任何意義。

泰戈爾的名氣隨著他獲得諾貝爾獎而日漸高升，喜愛他的作品的人也越來越多，無形中想要與他攀親帶故，進而獲得既定利益的人也漸漸增加，當然拍他馬屁的人也爲數不少。

馬屁聽多了，原本的虛榮感漸漸消失，取而代之的變成一種心虛與不耐，更會對馬屁背後的動機與目的感到質疑與不屑，甚至毫無感覺。

然而，泰戈爾的氣度與修養令他不至於口出惡言表達自己的不滿，反倒是以幽默的語氣，幽自己一默，也彰顯自己對於這項莫名請求的無奈心情。

用幽默的心情處理事情

阿諛奉承的話語，雖然有一定的效果，但卻不是萬無一失的策略；最重要的是，如果只有甜味而無養分，終究不是能夠塡飽肚皮的食物，當你眞正肚子餓的時候，你是不會選擇以糖果來充飢的。

以商業行爲來說，拍馬屁就像是一項引起他人興趣的旗幟，等到客戶上門了，如何以好的方案、好的品質、好的內涵留住顧客的心，才是眞正的實力，也才有眞正的意義。

因爲，光是好聽話，聽多了，往往容易讓人感到厭煩；再好吃的糖果甜點，吃久了也會覺得膩人。

智慧語錄

我們總是愛那些讚揚我們的人，而不愛為我們讚揚的人。

——蕭伯納

用幽默創造出其不意的效果

不管是什麼樣的境況，都要在幽默與創意的推波助瀾之下，順時順勢為自己謀得成功的契機。

有人做過實驗，找個人在大馬路上抬頭向上看，經過他的人必定也會跟著抬頭。這是因爲受到好奇心的驅使，人一旦發現了不合常理的現象，就會忍不住想要跟著一探究竟。

從這樣的現象來看，我們可以從中發現一些效果奇佳、出奇制勝的好策略。

用幽默的方式，表達你的意思

二十世紀初，美國有一位五星上將名爲卡特利特．馬歇爾，年輕的時候曾經有過一段令人稱道的小趣聞。

當時，他在軍隊的駐紮地參加一個酒會，在宴會上遇見一位美麗的小姐，兩人相談甚歡。宴會結束之後，他立刻自告奮勇地表示要送小姐回家，而那位小姐也點頭答應了。

上了車，小姐說出地址，馬歇爾立刻表示他知道那個地方，油門一踩，車子開動，兩人有說有笑地繼續方才的話題，一個多小時後才將小姐順利送回家門。

其實，這位小姐的住處就在離宴會地點不遠的地方，約莫兩三條街的距離，但是這麼短的路程，馬歇爾卻足足開了一個多小時。

下車前，小姐終於忍不住地問道：「我想您大概是才剛到這裡不久吧？因爲您好像不太認識路似的。」

馬歇爾聽了，卻微笑地說：「我可不這麼認爲，如果我不認識路的話，又怎麼能夠連續開了一個多小時，卻一次也沒有經過妳家門口呢？」

後來，這位小姐成爲了馬歇爾夫人。

用幽默的心情處理事情

馬歇爾之所以能成功地引起小姐的注意，並且進一步贏得了芳心，這些都歸功於他的故意與幽默。

如果他只是如一般人的預期，中規中矩地送小姐回家，短短的幾分鐘時間，顯然不一定能讓小姐留下深刻的印象。但是，他卻故意繞遠路，藉以拉長彼此相處的時間，目的就在於讓小姐有更多了解他、認識他的機會。

最後，他又聰明地表示自己並非愚傻或不認識路，以幽默的話語成功地讓小姐印象深刻，在忍不住笑了出來的時候，心裡也對馬歇爾靈活的反應有了更多的好感，更爲馬歇爾的用心而感到貼心。

按部就班地依照既定道路前進，只要夠堅持，成功是可以預期的。然而，反其道而行，有時更能收得其不意的效果，在設想不到的地方出擊，得到創意的助力，或許更能不費吹灰之力得到成功。

在立足點相同的競賽之中，如何突顯自己的優點，是最重要的關鍵；在處於劣勢的競賽之中，想要破局而出，就要找尋最容易突破的障礙，磨利最精銳的武器，爲自己爭取更多發揮的空間。

不管是什麼樣的境況，都要在幽默與創意的推波助瀾之下，順時順勢爲自己謀得成功的契機。

智慧語錄

想出新辦法的人，在他的辦法還沒有成功以前，人家總說他是異想天開。

——馬克．吐溫

言談風趣，就能釋出善意

拿自己開玩笑的時候，運用幽默的語言，表現出來的便是親和力和釋放善意，可以為未來的人際關係打下基礎。

發生錯誤在所難免，每個人都有可能犯錯，重要的差別在於能不能坦然面對自己所犯下的錯誤。

有道是「不貴於無過，而貴於能改過」，與其追求毫無過錯的人生，倒不如花點心思檢討自己犯下的過錯，認真地改過。

用幽默的方式，表達你的意思

在物理學界有傑出貢獻的科學家愛因斯坦，曾經受邀到普林斯頓大學任教。

當他抵達學校研究室的那天，一名人員詢問他是否需要增添什麼用具。

愛因斯坦隨意環顧了一下，便回答：「我想想看，請你給我一張書桌或工作檯，一把椅子和一些紙張鉛筆就行了。」

人員聽了立刻點頭表示會儘快爲他準備，就在人員打算離去的時候，愛因斯坦突然喊住他的腳步，說道：「對了，麻煩你再給我一個廢紙簍，要大一點的。」

那個人有點好奇地問道：「爲什麼要大的？」

愛因斯坦接口說：「好讓我把所有的錯誤都丟進去。」

用幽默的心情處理事情

愛因斯坦剛剛來到一個新環境，盛名之下難免會讓人產生距離感。當他拿自己

開玩笑的時候，運用幽默的語言，表現出來的便是親和力和釋放善意，一方面可以令接洽的人員放鬆心情，一方面也爲未來的人際關係打下基礎。

能夠承認自己錯誤的人，才是眞正明白自己能力所在的人。明白自己的能力和極限，行事便更懂得量力而爲，因時制宜，犯錯的機率也就能相對地減少。

此外，對自我的了解也有助於與他人關係的和諧，藉由承認自己的錯誤可以突顯我們人性化的特質，增加對方對我們的親切感，減低對方抗拒心，在幽默風趣的言談氣氛中，也無形地拉近彼此的距離。

所以，不要害怕犯錯，而是要下定決心去省思並立時改過。能夠坦然面對自己的錯誤，就知道該從何改起，求新求變求進步都是成功的一大步。

智慧語錄

最大的錯誤，就是不自覺自己犯了什麼錯。

——湯瑪斯·卡萊爾

運用機智回答愚蠢的問題

問題既然問得蠢，答案自然就不一定照章行事，更何況最幽默的答案往往只會讓發問者聽了瞠目結舌，卻完全挑不出毛病。

小孩子剛學會說話的時候，語言馬上就變成一項探索世界的新工具，你會發現，當他們學會使用語言表達自己的需求之後，接下來你就會進入一個「爲什麼」惡夢的時段。

當孩子的每一個問題都以「爲什麼」爲開頭，而在你的每一個答案之後再接上一句「爲什麼」的時候，大部分的人都會陷入不知如何回答的狀態，因爲有很多問題連你自己都會想問爲什麼，最後被「爲什麼」三個字問到抓狂。

具有好奇心、喜歡問問題當然是一項良好的特質，想要尋求創新，保有思緒活水，抱持懷疑的科學精神不可或缺。然而，追不了根、究不了柢的時候，往往會讓人沮喪且心煩。

我們的生活需要他人的配合才能順利進展，向別人求助、給別人幫助，是我們彼此互動的主要模式。如何開口、問對問題，就攸關事情的成敗了。

用幽默的方式，表達你的意思

美國幽默大師馬克．吐溫，曾經隨著哥哥一同在密蘇里州辦一份報紙。那一段辦報的時光，不只磨練了馬克．吐溫的文筆，也開展了他看社會的視界。

有一次，他收到一封報紙訂戶的來信。訂戶在信中問到：「馬克．吐溫先生您好，我在報紙裡發現一隻蜘蛛，請問您這是否是一種預兆？是吉兆還是凶兆呢？我該怎麼辦呢？」

馬克・吐溫很快便回信了，他在信上寫道：「這不是什麼吉兆，也不是什麼凶兆，這隻蜘蛛只不過是想爬進去報紙看看到底哪家商店沒在報紙上刊登廣告，牠就決定到那家商店門口結網，好能安安靜靜地過日子。」

這名訂戶的來信或許是一封抱怨信，也有可能是來找碴的。

在報紙裡發現蜘蛛，當然不是什麼令人愉快的事，但是這名訂戶卻極有幽默感，將一封抱怨信寫得一點火氣也沒有。

只不過，馬克・吐溫到底技高一籌，回信更具幽默感，不只四兩撥千斤地避開訂戶的問題，更幽默地呈現自家報紙廣告的效力，確實一舉兩得。

用幽默的心情處理事情

如果這名訂戶並非刻意幽默地提出這個問題，那麼這無疑是個極爲愚蠢的問題了，而馬克・吐溫的回答也更顯犀利諷刺。

就好比你質問一個人：「你爲什麼會在這裡？」對方卻回答：「我坐公車來的。」你想問的是動機，對方卻以答案來模糊焦點，看起來雞同鴨講、答非所問，其實是蠢問妙答。

問題既然問得蠢，答案自然就不一定照章行事囉，更何況最幽默的答案往往只會讓發問者聽了瞠目結舌，卻完全挑不出毛病，縱使不滿意，也只能啞巴吃黃連，乖乖把苦怨吞下。

問問題其實是一項需要磨練的技巧，問對了問題往往可以一針見血地解決問題，或是找到未來的解題方向。問錯了就會讓人的答案繞了遠路，也使得答題者覺得自己的智慧受到侮辱，因而產生反感，如此，你可能非但得不到答案，反而還會被人冷嘲熱諷一番。

智慧語錄

蠢人總是提出千百年前聰明人已經回答了的問題。

——歌德

找對管道，才能創造績效

想要成功，就要先去尋求各種應變與解決的方案，評估每一項的可行性和績效，才能做出明確的決策。

有些事情看起來雖然困難，但是只要能下定決心去執行，運作起來並不一定如想像中困難，反而會因爲每一個環節的接軌流暢，使事情進行得越來越順利，也越來越容易。

或許，我們可以這麼說，世界上沒有一件困難到無法完成的事情，只是我們還沒找到完成的方法罷了。

爲人處世要懂得運用方法，只要應用得當，往往可以收得事半功倍的成效。處理事情的方法絕對不只有一種，有的費事不費力，有的費力不費事，有的以時間換取金錢或空間，有的爲講求時效得以金錢換取時間。沒有一種絕對有效，也沒有一種絕對無效，有效與無效的定義，端看你的需求以及你如何運用。

用幽默的方式，表達你的意思

據說世界知名的科學家愛因斯坦，有一次接到一位女性朋友的來電，兩人在電話中相談甚歡，末了，那位女士要求愛因斯坦將她的電話號碼抄錄下來，以便日後能夠經常聯絡，互通電話。

那位女士說自己的電話號碼不太容易記，請愛因斯坦找來紙筆，以免等一下忘記了。

愛因斯坦倒是一派輕鬆地說：

「妳講，我在聽。」並沒有費事起身去找紙筆。

女士說：「你聽好囉，我的電話是二四三六一。」

愛因斯坦聽了回答：「我記住了，這有什麼難的？兩打和十九的平方，我怎麼可能會忘記呢？」

用幽默的心情處理事情

對故事中的女士而言，二四三六一是一組毫無關連的數字，想要記住這組數字，就必須強迫自己去硬背。反過來，愛因斯坦卻將數字拆解，利用自己對數學的敏感，形成兩組有意義的數字組合，只要運用聯想的方法，就可以輕鬆記住，省事又省力。

同樣的，有些人背詩詞的時候會配上曲調來詠唱，有的人會以諧音來記憶特別的公式等等，都是相同的道理。

這麼做的目的就在於讓原本毫無關係的事情，產生足以相連結的關連，藉以讓思緒有了相通的管道，更能幫助理解與記憶。

很多事情看起來似乎成效不彰，其實有兩個可能，一個是時機未到，一個是方法差誤，前者需要更有耐心，後者則須要有更明快的決斷力與觀察力。

想要成功，就要先去尋求各種應變與解決的方案，評估每一項的可行性和績效，才能做出明確的決策。

任何事情，只要選對了方法，一步一步積極地去執行與運作，就自然而然能夠展現出設想的成果。

智慧語錄

我們不需要死記硬背，但是我們需要運用基本事實的知識來發展和增進每個人的思考力。

——列寧

04

用幽默的態度 表達自己的堅持

採用幽默的手法，把場面的氣氛先設定好，找出一個彼此都可以接受的談判結果，否則你來我往的鬥智，仍得持續下去。

用巧妙的比喻達到說服的目的

如果我們能夠充實統整更多知識與資訊，不只我們的談吐將更具深度，應對進退也將更有依據。

由於種種知識的累積，使得我們面對生活變數產生了各種應變的能力。

透過知識，我們知道如何把自己的生活照顧好，知道如何在工作上有所成效，知道如何拓展人際關係，更知道如何讓每一天的生活更便利、更和諧、更有價值，也更有意義。

自古到今，多少成功人士將他們的經驗傳承下來，警惕我們不要重蹈覆轍，指引我們成功的路徑，提醒我們如何修正偏差的腳步。

這些老生常談的話語聽起來似乎老套八股，但是仔細思考其中意涵，卻發現其實那些原則都可以有新的發現，賦予新的意義。當知識累積得越多，從古人經驗借力使力的技巧也就更加應用自如。

用幽默的方式，表達你的意思

幽默大師馬克・吐溫，一向以機智過人、說話得理不饒人聞名。他之所以可以獲得譏諷大師的稱號，就是在於他的反應比別人快，而學識又比別人豐富，談起話來，總是令人防不勝防，若是被他抓到把柄就吃不完兜著走了。

有一次他與一位摩門教徒展開一場爭辯。摩門教是基督教中的一個教派，主張一夫多妻，共同生活，兩人正爲了摩門教義中的一夫多妻問題辯得不可開

交。

辯到最後，那位摩門教徒生氣地說：「你能在《聖經》中找到任何一句禁止一夫多妻的話嗎？」

馬克．吐溫毫不遲疑地回答：「當然可以，《馬太福音》第六章第二十四節說：『誰也不許侍奉二主』。」

摩門教徒聽了只能啞口無言。

用幽默的心情處理事情

說明事理的時候，運用巧妙比喻往往可以達到良好的效果，就好像古代的神話、寓言、童話……等等，就是運用這種技巧和手法，將教條式的教訓融合在故事當中，以達到潛移默化的成效。而引經據典，更是提出具體的事例來成功達到說服的目的。

摩門教徒在提出問題的時候，就是想拿《聖經》當依據，以爲自己的行爲找到可以依循的證據，但是馬克．吐溫卻反應更快一著，當下提出反證，反將了對方一軍。如果那位摩門教徒將《馬太福音》背得很熟，當然無法對馬克．吐溫的說法提出辯駁；假使這位摩門教徒並不十分確定《聖經》裡面是否眞有這一條教義，那麼他也不敢眞的質疑馬克．吐溫果決且肯定的說詞。

經典的內容或許並不一定全都符合時代的潮流與演進，但經典之所以能成爲經典，必定經過無數人無數時空的檢證，也必定有存在的價值與意義。

如果我們能夠充實統整更多知識與資訊，不只我們的談吐將更具深度，應對進退也將更有依據。想讓古人成爲自己的靠山，不是件十分困難的事，只要多方面深刻地涵養我們的學問知識，加以整合吸收，時機到了，問題來時，就能夠及時應用出來。

智慧語錄

在這個世界上，沒有人能吹噓他不需要別人幫助、接濟。

——蘇利．普呂多姆

用幽默的態度表達自己的堅持

採用幽默的手法，把場面的氣氛設定好，找出一個彼此都可以接受的談判結果，否則你來我往的鬥智，仍得持續下去。

雖然我們對自己很有信心，但是，我們也很清楚並不是所有的人都能夠完全認同我們的做法，當我們受到質疑和阻撓的時候，如何解決困境將會影響到事情後續的進展。

你可以選擇妥協，也可以選擇堅持己見，你的想法將會影響到你的做法。

用幽默的方式，表達你的意思

美國知名劇作家尤金·G·歐尼爾曾經於一九三六年獲得諾貝爾文學獎。作家通常會有個毛病，或許不至於聽不進別人的建議，但多半不太喜歡別人更改他的作品。歐尼爾也不例外，最討厭別人要求他修改作品。

有一天，當他把新的劇本遞交出去之後，導演拉塞爾·克勞斯也是一位劇作家，看完歐尼爾這部《啊，荒蕪的地方》之後覺得劇本太長，認爲如果能夠稍作修剪，會使得劇情更爲緊湊。歐尼爾雖然心裡老大不高興，但是也不情不願地答應了。

第二天，他打電話告訴克勞斯說他已經刪節了十五分鐘。導演聽了不禁又驚又喜，因爲歐尼爾修改劇本從來沒有這麼快完成的紀錄，於是高興地在電話裡對歐尼爾說：「眞是太好了，你等我一下，我馬上就過去拿你改好的劇本。」

沒多久，克勞斯就來到歐尼爾的辦公室裡，高高興興地接過歐尼爾手上的劇

本。還沒翻開，這位大作家就先向他解釋：「喔，劇本本身是沒什麼變動啦，不過你知道，這齣戲我們原本打算以四幕演出，現在我決定把第三幕和第四幕中間的休息時間省略掉。」

用幽默的心情處理事情

相信克勞斯聽了歐尼爾的說法後，肯定會覺得頭疼欲裂，因爲歐尼爾擺明了就是不肯刪戲，如果克勞斯不想退讓的話，就得再重新思考對策了。

談判應該是一個共同決策的過程，也就是說談判的結果是可以達到雙贏的。誰的立場堅定，誰佔的優勢高，都會影響到最後的談判結果。

過度固執，可能會引起談判破裂，但是也可能在壓力進逼之下，使得對手不得不讓步。

談判者首先應該明瞭自己的底線與預期的目標到底在哪裡，才能在與對手過招的時候，保持更多的優勢。

歐尼爾不想要修改自己的作品，但又拗不過克勞斯的要求，於是決定採取緩兵之計，以時間來換取空間，先把問題避過了再說。

當克勞斯以爲自己談判成功的時候，更因爲歐尼爾的主動聯絡配合感到雀躍，情緒徹底被拉高。然而，歐尼爾知道自己不肯修改劇本的事實，肯定令其難以忍受，於是採用了幽默的手法，把場面的氣氛先設定好，幽了看劇模式一默。克勞斯即使眞的被耍弄了，也不知該哭還是該笑，更不好當眾發怒。

克勞斯當然也可以堅持自己的立場，一旦他表明徹底，也證實刪改的結果將會更好，歐尼爾也沒有理由不改。最好的做法是雙方各退一步，找出一個彼此都可以接受的談判結果，否則這一段你來我往的鬥智，仍得持續下去。

談判，不是一種預定輸贏的互動，只要你夠堅持，不一定就得妥協。

智慧語錄

我們絕不會投降，也不會失敗，而且會奮戰到底。

——邱吉爾

用荒謬的結論指出問題的核心

利用誇張的例子、荒謬的結論，目的就是要令聽眾的心理產生質疑，才會重新去思考問題的核心，也才可能有所改變。

理想與抱負，如果不以行動證明，可能永遠只是空談與妄想；如果我們不曾爲了我們的理想而堅持與奮鬥，永遠無法將我們的信念傳達給其他的人，眞理恐怕很難被人類發現，而人類的未來也將失去光明。

每一刻的想法，融合起來形成目標；每一項目標，凝聚起來形成理想；每一個理想，持續累積形成信念；許多人的信念匯聚而來，就是眞理。

每個人所渡過的一生都是人生眞實的見證，每一個人所走過的道路，都是印證眞理的軌跡。

用幽默的方式，表達你的意思

富蘭克林認爲「能吃大苦的人，才能創大業」。他是一位自律謹嚴，道德感極重的人，雖然只受過兩年教育，但是靠著不斷自修與學習，積極實現每一個想法，爲自己的人生開創出一番令人敬仰的榮景。

許多人認爲他是一位天才人物，這句話或許沒錯，但是富蘭克林的成就是來自於他鍥而不捨的努力。他不但是一名發明量極巨的科學家，也是一名積極投身公共事務的政治人物，一生都在爲人權努力與奮鬥。

他曾經說過：「哪裡有人權，哪裡就是我的祖國。」在他的心裡，人權是需要尊重的，並且不分種族、不分學識、不分派別。

由於這個理想，當他踏上政壇，便積極參與《獨立宣言》的起草，爲了建立美國民主制度而進行抗爭。

他曾經在一場演說之中，厲聲譴責一條有錢人才有資格當選議員的法律，他舉例說：「現在，想要當上議員，得先有三十美元。假設我擁有一頭驢子，也價值三十美元，這麼說來，當我擁有一頭驢子的時候，我就可以被選爲議員；如果一年後驢子死了，我就沒有三十美元，也就是說我便沒有資格再當議員。試問，到底誰才是議員？是我還是驢子？」

用幽默的心情處理事情

人類爲了讓事務能更順利地進行，讓群眾有更合理的分配與管理，因此衍生出許許多多制度與規範，倘若每一個個體都能謹守規範，就能夠讓事務更容易推行，世界也能順利運轉。

然而，當世界的運轉持續進行中，並不表示這個制度結構本身沒有任何問題，有些人可能持續受到壓迫與剝削，有些人可能只是坐享其成。長久下來，人的忍耐也是有限度的，怒氣早晚會爆發，問題早晚會顯現。富蘭克林提出的質疑，便是當時社會制度、政治法規上的一個重要弊端。

有錢的人才能有錢有閒地參與政治活動，這是當時社會的普遍認知，然而規定只有有錢人才能擔任政策決定者，卻是嚴重犧牲某些人的權利與價值的做法。因爲有錢人可能出生就有錢，一生都過著有錢人的生活，肯定絲毫未能體會貧窮人家的遭遇與困難，試問如此的決策者如何能夠站在經歷、想法都與他不同的立場來思考？

如果不能將窮人視爲整體的一部分，所做出來的決策勢必也無法將窮人的需求納入考量，那麼，這樣的決策就只是一項圖利富人的惡法了。

富蘭克林想要挑戰的就是這種不公平、不正義的思維，也是他在演說現場所要引起聽眾反思的目的。

如果所有的人都認爲理所當然，現狀就會繼續維持，公平與正義也將無處伸張。他利用誇張的例子、荒謬的結論，目的就是要令聽眾的心理產生質疑，才會重新去思考問題的核心，也才可能有所改變。

我們對信念的堅持，將主導我們的言行舉止以及我們的種種行動，有了行動，信念也才有持續下去的力量。當我們有信念、有想法，想要尋求支持與認同的時候，或許可以再次思考一下富蘭克林的做法，將問題以荒謬的方式呈現，也是一種激盪共鳴、拋磚引玉的良方。

智慧語錄

我們的信念是不停燃燒的燈火。這不僅僅帶給我們光明，也照亮周圍。

——甘地

強化弱點，就能製造賣點

如果你率先坦誠自己的弱點，而且以稍微誇張又帶有趣味的方式強調，或許反而能在夾縫中獲得生存空間。

循規蹈矩行事，是最安全的路徑，因爲任何一條創新的道路，都意味著背後有不可預知的風險。可是，如果你不曾走上一遭，你就不會明白你是不是可能會超越原本的成就。

多發揮創造力，可以讓我們的生活增添更多趣味，也能夠運用反向思考，解決生活中的種種難題。

當平常慣用的方法行不通的時候，何妨把問題倒過來想一想，說不定致勝奇招就這麼想了出來。

用幽默的方式，表達你的意思

喬治．考夫曼是美國二十世紀初一位非常著名的劇作家，也導過許多膾炙人口的戲劇。

有一次，一位電影製片商請考夫曼改編由雅克．德沃爾所寫的一齣法國喜劇《屋子裡的人》，考夫曼欣然同意。

然而，儘管劇本改寫得非常成功，但是卻因為選角不佳，而且剛巧遇上城裡正流行一波嚴重感冒，因此票房奇差無比，到最後還差點面臨停演的下場。

為了力挽狂瀾，考夫曼親自想了一段廣告詞，命人四處宣傳。這則廣告詞果真很妙，後來還吸引不少人走入電影院。

他是這麼寫的：「如果你希望避開擁擠，請盡速到尼克博克電影院觀看《屋子裡的人》。」

每個生意人忙著稱讚自己的產品都來不及了，有哪一個人會像考夫曼一樣，把電影票房不好的情況拿出來當作廣告詞？

但是，考夫曼就是要反其道而行，坦然地拿自己來開玩笑，目的就在於博君一笑，引起群眾的興趣，反而達到號召觀眾的效果。

用幽默的心情處理事情

想推銷產品，如果你是老王賣瓜自賣自誇，群眾圍繞過來的目的就在於想看看你到底有多好，他們的心裡將帶著一種潛在的挑剔意識，某種程度來說也是想要找找看你有什麼缺點。假使找不到，就證明了你的產品真的好，名副其實，但如果被找到了，那麼就證實你的說法太誇張，不可盡信，反而會對你的產品的印象打了折扣。

反過來說，如果你率先坦誠自己的弱點，而且以稍微誇張又帶有趣味的方式強調，或許反而能引起對方的同情意識，在夾縫中獲得生存空間。就好像過去曾有一位歌手強力以「我很醜，可是我很溫柔」作爲訴求，在重視外貌的演藝圈中，卻擺明了自己的容貌不夠出色。

這樣的宣傳手法反而讓聽衆將焦點放在他高亢的嗓音上，甚至會說出「他其實也不太醜」這樣的評語。

或許對演藝人員來說，擁有好的容貌是一項極爲重要的因素，但是這並不代表沒有出衆外表的人完全沒有生存的機會。

一個以帥氣爲訴求的藝人，就會被人以高標準的容貌要求來打分數，只要有一天稍微不夠帥，他的努力可能就會遭受打擊；但是一位以不帥氣爲主張的歌手，卻反而在那個極其著重外貌的領域中獲得許多支持。

所謂的「老二哲學」，目的不在爭第一，不在獨占市場，而是要囊括所有老大吃不下的空間，不必負擔老大的高要求風險，也不必維持第一的形象需求，只要能獲得部分消費者青睞，進而獲利，就達到目的了。

現實生活也是如此，失意與挫折是每個人都沒有辦法逃避的人生考驗，如何用樂觀積極的心態面對，無疑是相當重要的。

當現實環境不如預期，不妨試著用機智取代心中的怨懟，如果你懂得發揮創意幽自己一默，許多看似無解的難題都會迎刃而解。

智慧語錄

猛獅在撲擊以前，通常總是先退後，留個撲跳迴圜的餘地。

——亨利克．顯克微茲

順著對方的邏輯面對問題

我們往往有發現問題的能力，但不見得都能有解決問題的決心，主客觀的因素交相雜陳，影響了我們心裡的判斷和行動力。

人類這種動物，指爪平滑，無力撲抓獵物；皮膚光滑，毛髮微疏，無法自持體溫；跑不快、游不久、力氣又不大，可以說是集所有缺點於一身的動物。然而，在這個世界上，現今卻是由人類這種動物來主宰。

上天給了人類最大的禮物，就是思考的能力與語言溝通的能力。有了思考的能力，我們便能夠不斷學習，學習解決問題，改善生活需求；有了語言溝通的能力，我們便能夠讓智慧不斷累積，讓知識不斷傳承，我們得以站上巨人的肩膀，而不用事事從零開始。

每個人都獲得了上天的禮物，有些人能夠解決自我的問題，有些人尚有餘力去幫助他人，然而，有些人卻辜負了上天惠賜的禮物。

用幽默的方式，表達你的意思

集科學家、發明家、政治家等身分於一身的富蘭克林，對於人權極度重視，爲了人權自由而奔走，不遺餘力。

他曾經身爲議員，對社會上種種不公平的現象感到不安與憤怒，對於某些佔有社會與政治資源的上流人士頗有微詞。

有一次，他的一名僕人問他：「主人，請問什麼是紳士？」

這名僕人是位黑人，當時黑人在美國社會中

的地位奇低無比，更沒有什麼人權而言，經常受到豬狗般的待遇。

富蘭克林當時正爲了相關議題在議會裡受挫的情況感到煩悶，聽了只是漫不經心地回答：「所謂的紳士嘛，那是一種能吃、能喝、能睡覺，可是什麼也不幹的生命體。」

沒多久，這名僕人又來到富蘭克林的身邊，說道：「主人，我現在明白紳士到底是什麼了。」

富蘭克林抬起頭來，正視著這名僕人，請他繼續說下去。

僕人說：「一般人都在工作，馬在拉車幹活，牛也在田裡勞動，只有豬才會整天除了吃睡外什麼都不做。毫無疑問的，紳士就是豬囉。」

富蘭克林頓時啞然，卻無法辯駁。

用幽默的心情處理事情

這位僕人故作癡愚，其實充滿智慧，他消化了富蘭克林的說詞，以絕對滑稽的比喻，爲富蘭克林點出了值得反思的重點。

或許這個世界的資源永遠沒有辦法平均分配，但是強迫每個人齊頭式的發展，顯然反而是一種暴力。

富蘭克林當然觀察到社會貧富不均的狀況，也明白種族階級帶來不平等的待遇，但是他的努力卻無法一下子就將社會約定俗成的觀念導正。

這名黑人奴僕不是不明白富蘭克林爲人權奔波的努力，也很清楚當時黑人處境的艱難。他更明白，如果權力握持在某些人的手裡，那麼這些人就應該肩負起他們應負的責任，而不只是坐享其中利益，這便是他順著富蘭克林的邏輯指出的核心問題。

如果不能善盡自己的責任，突顯自我的價值，那麼人類只是一種最無用的會呼吸動物。當一個人忘記自己是群體中的一份子時，當一個人輕忽了自己的權利與義務時，這個人的存在就成了社會裡最沉重的負擔。

實在佩服這位僕人的勇氣，在如此艱難的景況之中，竟仍敢仗義直言，點出事實，直指核心，而非規避問題，也不因自己身處在環境較佳的空間而有所偏安，反而仍積極爲世界的不平等發出呼喊。

我們往往有發現問題的能力，但是我們不見得都能有解決問題的決心，主客觀的因素交相雜陳，影響了我們心裡的判斷和行動力。遇到問題的時候，如果我們一直退縮，當一隻掩耳盜鈴的鴕鳥，問題將永遠存在，也將永遠無法解決。

智慧語錄

寧可因為說真話負罪，也不要說假話開脫。

——薩迪

說太多，只會造成反效果

言語，確實是我們與外界溝通的主要管道，但是，別忘了，能說，是一件好事，多說就不見得了。

我們不用做一個凡事不敢居功的假道學，對於自己的成就驕傲不需要感到羞恥。但是，我們得要小心，別驕傲過了頭，反而給自己惹來麻煩。

「人生得意須盡歡，莫使金樽空對月。」李白的詩句提醒我們，眼前擁有的千萬不要蹉跎，以免失去之時，徒留內心懊喪。

因此，我們當然應該爲自己現有的成就感到驕傲，卻不要就此感到滿足，畢竟只要繼續堅持，未來還有更爲深遠廣大的發展。

你生命中的驕傲，別人想看就看得到，眞的不需要到處去說，說多了，就變成了自吹自擂，就變成了妄自尊大；你的驕傲在虛榮心的餵養下，總有一天會蒙蔽了你的眼、你的心，也將帶著你走向危途。

用幽默的方式，表達你的意思

沒有人不知道發明第一架飛機的人就是萊特兄弟，不過大概沒有太多人明白，萊特兄弟的沉默寡言，不懂宣傳交際也是出了名的。

當他們兄弟倆成功地發明第一架人工飛行器，帶領人類的雙腳離開地球表面之後，立刻聲名大噪，經常走到哪裡就有人要求他們演講，也常常令不擅言詞的兩人感到不勝其煩。

有一次，他們參加了某一個不得不參加的盛宴，酒過三巡之後，果然又有人鼓譟，希望他們兄弟二人能夠上台發表演說。

實在推託不了主持人的邀請，大萊特只好勉爲其難地站起來說：「唉，這一定是弄錯了吧，演說的部分一向是歸舍弟負責的。」

主持人和現場賓客當然立刻將目光全部轉向小萊特。小萊特撐了許久，只好站起來說：「謝謝各位的支持，不過家兄剛才已經演講過了。」

就這樣你推給我，我推給你，兩人推來推去。可是，在場的人一點也不想放過他們兄弟倆，禁不住各界人士的再三邀請，小萊特只好再站起來說：「據我所知，鳥類之中只有鸚鵡會說話，而大家都知道，鸚鵡是飛不高的。」說完便表示自己的演說已然結束。

只有一句話的超短演說，卻博得了在場人士不絕於耳的熱烈掌聲。

用幽默的心情處理事情

萊特兄弟的成就，自然是人類歷史上的重要里程碑，展現了一次成功的大跨越。然而，他們卻反而更加謙卑，認爲眞正的偉大是不需要自鳴自放的，那些說得比唱得好聽的人，做起事來不見得名副其實。

小萊特以鸚鵡爲例，一方面解除了自己與兄長不擅言詞的尷尬處境，另一方面也批判了許多光會說話而不肯做事的人。

如此含蓄的說詞，令在場人士信服的原因，在於成功且貼切的比喻。小萊特並非批評鸚鵡是不好的鳥，只是陳述出鸚鵡飛不高的事實，在場的人士由這樣的事實，將飛高與成就高飛做了聯想，不但了然小萊特的話中之意，也因爲他竟可做出如此聯想而感到服氣，分外感受到這對兄弟的才學與氣度。

言語，確實是我們與外界溝通的主要管道，但是，別忘了，與我們建立管道與聯結的方式不僅只一種，除了話語，我們還能夠感受。能說是一件好事，多說就不見得如此了。

智慧語錄

蠢才難免妄自尊大。他自鳴得意的正好是受人譏笑奚落的短處，而且往往把本該引為奇恥大辱的事大吹大擂。

——巴甫洛夫

有了深厚的興趣就能全神貫注

> 如果你的心已經被某一項事物佔據，是無法再分心於其他事物的，那件事一定是你深感興趣的，才有力量佔據你的心。

當你很認眞執著在進行某一件事的時候，外在的一些變化其實是很難干擾到你的。這是由於你當時正全神貫注，全心投入，以致於全身的感官集中注意於聚焦的事物上，進而忽略了對其他事物的感受力。

所謂的「心不在焉」，就是指你將全身的精力貫注於一項事物之中，注意力自然無法兼顧眼前的事物。

俄國知名的化學家門捷列夫就曾經有過這麼一則軼事。

當時，一位極爲熟稔的老朋友前來拜訪，門捷列夫正好在進行一項化學實驗。由於朋友好久不見，門捷列夫只好放下手中的工作，來到起居室招呼客人。

這位朋友因爲碰上了一件麻煩事，所以特地來找門捷列夫訴苦，一見到面就開始喋喋不休說個不停。可是，過了沒多久，這位朋友就發現門捷列夫雖然看起來好像有反應，不住地點著頭，但是心思根本不知飄到何處去了。

朋友問：「我打擾到你了嗎？」

門捷列夫聽了喃喃地說：「不，沒有……你說到哪兒去了，請講吧，繼續講吧，你並不妨礙我，我在想自己的事情……」

原來，從朋友進門以來他的心一直都掛在自己的實驗上，根本完全沒在聽。

用幽默的心情處理事情

曾經聽過這麼一個例子，有一對家長爲了怕自己的孩子讀書不夠專心，於是將客廳裡的電視機翻轉過來，讓螢幕面向牆壁，以示這段時間全家不看電視的決心。

有些人覺得這種做法未免過於矯枉過正，畢竟孩子若真要分心，又豈止有電視一項誘因？而這種剝奪孩子所有樂趣和紓壓管道的做法，若不能獲得孩子的認同，恐怕會適得其反，反而讓孩子對讀書這件事產生極大的反感。

如果孩子對於讀書沒有興趣，或者極容易分心，這時候家長最應該做的，不是憤怒地急於阻止或斷絕那些所謂的引誘源，而是應該先行了解孩子對讀書沒有興趣的因由何在。

如果孩子確實是受到某些誘因吸引，而無心於課業，並非討厭書本，那麼和孩子先行溝通事情的輕重緩急，或許可以喚回孩子對課業的重視度。而適當的時間分配，用功讀書和休閒活動並重，使壓力有個舒緩的出口，對於讀書也不易產生反感。

如果孩子單純只是為了逃避課業，

那麼即使你杜絕了所有可能的外在誘因，還是無法使他重拾興趣，畢竟問題的根源就在於學習和課業本身。

從門捷列夫的例子我們不難看出，如果你的心已經被某一項事物佔據，是無法再分心於其他事物的，那件事一定是你深感興趣的，才有力量佔據你的心。所以，如果你希望孩子關注的焦點能夠停留在課業上，或許眞正應該著手了解的，是如何增加孩子對課業的興趣，又不減損學習的質與量，才是治本的方式。

假始能夠理解這點，設法讓孩子把心思停留在課業之上，電視需不需要「面壁思過」，就一點都不重要了。

智慧語錄

就像沒食欲卻勉強要吃而危害健康一樣，缺乏動力的讀書會損害記憶，記憶也不長久。

——達文西

改變態度，才不會惹人厭惡

為什麼要讓自己陷於委屈和勉強的情境中呢？改變心態和想法，你就能夠從每一個情境之中尋找到樂趣，尋找到意義。

談判，有一項極爲關鍵的策略，就是判斷出對方的需求和自己的需求，接下來，對方想要什麼就想辦法給他什麼，然後拿回自己所要的，彼此在交換的過程中，得取希求的利益。

此外，若想要說服對方，最重要的就是要先讓對方聽你說話，畢竟唯有話聽得進去，才有機會說服得了對方。

想要讓對方聽你說話，投其所好是個可行的方式，也是一項說服歷程的起點。

用幽默的方式，表達你的意思

古希臘數學家歐基里德被尊稱爲「幾何學之父」，他博覽群書，累積了前人在幾何學上的發現，集之大成並編纂了十三卷的《幾何原本》，對後世在數學上的發展造成了極大影響。他在學術上的表現極具聲望，因此受到埃及托勒密國王的賞識，前往亞歷山大城進行講學。

歐基里德治學嚴謹，對學生的要求也極爲嚴格。據說托勒密國王曾經詢問他學習幾何是否有什麼特別的訣竅或捷徑，他毫不客氣地回了國王一句：「幾何無王道！」

意思就是想要學習幾何的知識，即使是國王也沒有特別的蹊徑可循，唯有苦學一途。這句話後來衍生有「學習無坦途」的意味。

一向以認眞執著的態度看待幾何學的歐基里德，開始講學的第一天，從幾何的第一定理開始講起，可是台下就是有個學生不肯安分乖乖聽講，一下子捉弄其他的同學，一下子動來動去擾亂課堂上的秩序。

歐基里德見了十分生氣，因此暫時停下課程，嚴肅地看了那學生一眼，並示意他專心聽講。

但是，這名學生卻依然故我，最後歐基里德忍無可忍，只好把他叫起來問話。想不到學生竟然態度張狂地反問歐基里德學習幾何學到底有什麼用。

歐基里德聽了，沉默一陣子，之後冷冷地對一旁的僕人說：「去拿幾個錢幣來，看來這位先生沒看到一些利益是不肯學習的。」

用幽默的心情處理事情

曾經有不少人高談過學習無用論，認爲過度鑽研知識反而失去生活技能的做法，是一種教育失敗。但是，我們從廣義的學習角度來看，人一出生不就開始爲了學習如何活下去而努力嗎？我們的每一項作爲，都是依靠學習而來，也都是爲了存活而做，只要求生意志仍在，學習就不可能間斷。

每一種學習，都會對我們產生影響，不論好壞。我們最應該學習的，是學習的態度與學習的方式，一旦掌握了學習對我們的意義，就不會產生疑惑與迷惘。就好像故事中的學生，如果他完全不能理解學習幾何學對他有什麼用處，又爲什麼要浪費時間坐在教室裡呢？

如果他認爲有其他的事情比起幾何學更來得有意義，爲什麼不能毅然決然地去進行他認爲有意義的事情呢？

既然決定留下來，又爲什麼不敞開心胸去發現幾何學對自己的益處呢？

這位學生的問題，許多年輕學子也曾經遭遇過，他們的學習來自於父母及社會壓力的逼迫，完全不明白自己的所作所爲目的在哪裡，如此一來，不但浪費了時間，也浪費了生命。

有研究調查顯示，當一個人全心投注於自己的興趣時，是完全不會感到疲累的，也完全不會察覺到時間的流逝。如果你能夠全然享受生命中的每一分每一秒，又爲什麼要讓自己陷於委屈和勉強的情境中呢？

改變心態和想法，你就能夠從每一個情境之中尋找到樂趣，尋找到意義。

爲了自己好，也爲了不影響到他人，在下決定之前，何妨多花些心思思考、權衡，一旦下了決心，一旦做了決定，就堅持下去。就好比，你決定棄職業就學業，或是棄學業就職業，不管是什麼原因造成你的決定，你就該爲自己的決定負責，爲自己的選擇負責。

智慧語錄

讀書是易事，思考是難事；但兩者缺一，便全無用處。

——富蘭克林

05

保持冷靜，才不會做出荒謬決定

過度投入與狂熱，往往會讓人喪失理智，在瞬間成為情感的奴隸，做出平常自己不會做的事。

何必為了驢子生悶氣？

保持思緒的流動，就能增加心靈的柔軟度，也更能提升自己的競爭力，永遠不被時代淘汰。

德國有句諺語這麼說：「蠢蛋雖然笨，但還有比他更笨的人，那就是為他的愚蠢抓狂。」

的確，只有愚蠢的人，才會爲了一些不値得生氣的事情激動抓狂，眞正聰明的人，不僅不會浪費精力和豬頭斤斤計較，還會將他們的愚蠢當成砥礪自己的一面鏡子。

就算再怎麼生氣，也不要蠢到爲了豬頭氣昏頭，而要發揮幽默機智，讓對方知道自己到底有多麼愚蠢。

據說，古羅馬皇帝哈德良手下有一位將軍，對於自己爲國服務多年，卻始終未能受到哈德良重用，心裡感到相當不滿。

有一天，他終於鼓起勇氣來到皇帝面前，以他長久在軍中服役爲理由，請求皇帝爲他升官。

他說：「我參加過十次重要戰役，有這樣豐富的經驗，照理說我應該可以得到更高的官階，擔任更高的領導職位。」

然而，哈德良皇帝聽了，只是微笑地指著綁在周圍的戰驢說：「親愛的將軍，好好看這些驢子吧。牠們至少參加過二十次戰役，可是牠們仍然是驢子，教我如何

爲牠們升官呢？」

用幽默的心情處理事情

經驗與資歷固然重要，然而，並不是衡量能力與才華的唯一標準。

有些人或許有十年、二十年的工作經驗，但卻只是年復一年地重複著類似的工作和動作，對於工作的內容固然很熟練，其實只不過是將一年的經驗，重複使用十次、二十次而已。

這樣的人，對於處理本身熟悉的工作，或許可以不出差錯，但這種看似無關緊要，其實相當可怕的重複，已然阻礙了心靈的成長，扼殺了想像力與創造力，工作時間再長也只是依樣畫葫蘆，根本沒有辦法接受新事物。

一個人如果連腦子都僵化了，更別說可能會有什麼新想法。

哈德良皇帝善於選人用人，深知這名將軍並沒有足以開創新局的能力，只想守住自己眼前的利益，是以多年下來，即使參加過十場重要的戰役，卻未能立下任何偉大的功勳，才會幽默地以戰驢做比喻。

一個人的價值，不在於他有多少資歷，而在於有多少能力。

你認爲自己是個有價值的人嗎？

你期望自己擁有什麼樣的價值呢？

你或許得先問問自己，是否不斷地自我挑戰、不斷地追求新的領悟與學習新的知識？保持思緒的流動，就能增加心靈的柔軟度，也更能提升自己的競爭力，永遠不被時代淘汰。

智慧語錄

最能顯示一個人智慧的是，能在各種危險中做出權衡，並選擇最小的危險。

——馬基維利

保持冷靜，才不會做出荒謬決定

過度投入與狂熱，往往會讓人喪失理智，在瞬間成為情感的奴隸，做出平常自己不會做的事。

由於網路拍賣的熱潮如烽火延燒，吸引了大量的商機，許多網拍賣家因此而致富。網路拍賣突顯了許多特殊的商業現象，比方說，有些買家整天掛在網上，目的就爲了在最後一秒搶標某件商品；抑或因爲諸多買家爭相搶標，使得一件看似不起眼的商品結標價飆至天高……

經營拍賣，其實是一項相當高級的心理遊戲，有時必須以極低價起標的方式引起貪小便宜的買家注意，有時必須炒至極高的價格，一方面營造產品的高級感，另一方面也引起買家的佔有慾。

不論什麼樣的形式，重點就在於掌握每個人對於擁有的特殊感受，吸引買家產生「非買到不可」的心理。

越多人搶購，就顯得這件物品越難得，到了最後，商品本身的價值已經不再重要，重要的是那種搶手的感覺，以及「搶得」的快感。

用幽默的方式，表達你的意思

十八世紀曾經有這麼一場驚人的拍賣會。

當時，荷蘭一位知名的物理、化學雙料學者赫爾曼·約爾哈夫去世之後，人們在整理他的遺物時，發現在他的書桌上有一本加上封鎖的精裝書。

這本書的外表看起來裝訂得十分精緻，封板上燙金寫著一句話：「關於深奧醫術的唯一秘訣。」

消息傳了出來，引起很多人的興趣，有人說這可能是約爾哈夫未傳世的神秘手稿，有人猜測書裡可能記載著約爾哈夫某一項不爲人知的研究記錄，否則爲什麼要特意加上封鎖。總之，流言傳來傳去，每個人都想要親睹這本神秘的書稿，卻不得其門而入。

後來，這本書的繼承者將書送上拍賣市場，而且爲了增加這本書的價値，更強調從未開封。

拍賣會參加者非常踴躍，而且很多人早就風聞這本書的名氣，所以一開始就叫出了極高的價格。競標者一個一個舉手，價錢一再地往上抬升，現場氣氛極其熱絡，最後以天價爲一名富商落槌標得。

當天，約爾哈夫的其他著作也一同拍賣，可是沒有一本能超過這本書的價錢。

這名富商拋出重金，果然在衆人欣羨的目光中，歡天喜地地將這本書帶回家。

一回到家，他立刻迫不及待地將書的封鎖打開。

結果，沒想到他將書翻前翻後、翻上翻下，看來看去都是白紙，什麼秘密都沒有，只有在第一頁留有約爾哈夫的一行筆跡：「注意保持頭冷腳暖，最知名的大夫也會破產。」

用幽默的心情處理事情

尖刻的人應該會嘲笑富商活該被虛榮心沖昏了頭，厚道一點的人可能會安慰這名富商花錢買教訓，至於其他參與競標的人大概都暗自慶幸著，因爲那個「冤大頭」不是自己。

過度投入與狂熱，往往會讓人喪失理智，在瞬間成爲情感的奴隸，做出平常自己不會做的事。

姑且不論約爾哈夫是想要對後世開開玩笑，還是剛好是無心之作，抑或眞有神秘目的，每一個可能性都隨著約爾哈夫的過世而失去求證的管道。不論如何推敲，或眞的有跡可尋，都只剩下未解的謎題了。

富商只能怨自己失察，卻不能怪罪拍賣者欺騙，因爲是他自願出如此高的價錢，自由意志下的決定實在怪不得別人。

這個故事警惕我們要學習冷靜地判斷，也要學習在極度狂熱的景況中冷靜下來，才不會被一時的情緒控制，做出連自己也覺得荒謬的決定。

智慧語錄

無知是可怕的，錯誤的知識更可怕。讓你的眼睛從虛幻的世界移開；不要信賴自己的情感，情感有時候是會欺騙自己的。往自己心中去探索內在且永恆的人性吧！

——佛陀

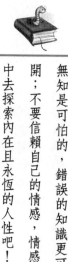

用幽默的態度展現自己的氣度

幽默是人際關係裡的緩衝劑，許多爭執在幽默的語言互動之下，出現了一些不至於正面衝突的喘息空間。

寬容的人，往往可以得到比較好的人緣；喜歡與人計較的人，多半會被添上一個「小雞肚腸」的稱號；小鼻子、小眼睛的人更是容易被大家列爲拒絕往來戶，因爲若是要事事討好他們實在太麻煩了。

明代傳奇作家馮夢龍就曾經十分傳神地描寫過這樣的人，他說：「大凡小人度量極窄，眼孔最淺；偶然替人做件事兒，僥倖得效，便道潑天大功勞，虧我扶持成就，竟想厚報，稍不如意，便要就翻轉臉來了。」

度量小的人，就是這樣喜怒無常，令人難以捉摸，久了自然就讓人能避則避了，這樣一來人緣怎麼好得起來呢？

用幽默的方式，表達你的意思

有一次「愚人節」的時候，有人故意要戲弄馬克．吐溫，於是在一家紐約報社刊登了馬克．吐溫過逝的消息。

消息一上報，果然引起軒然大波，馬克．吐溫的許多親戚更從全國各地紛紛趕來弔喪。

當他們來到馬克．吐溫家，卻發現馬克．吐溫正悠然地在書桌前寫作，才知道被人耍弄了。一時之間，眾人紛紛發作，齊聲譴責那家造謠生事的報社，有人更破口大罵一定要告到那家報社倒閉爲止。

只有被「寫死」的苦主馬克．吐溫反應不

同，他毫無怒色，反倒是幽默地說：「其實，他們報導的也沒太大的錯，我眞的會死，只是他們把日期寫得早了些。」

連生死都能拿來開玩笑，幽默大師的肚量果然非同小可。

正因爲馬克．吐溫懂幽默、擅諷刺，所以對於幽默的尺度也顯得寬容許多，他能析解玩笑裡的成分，相對的，也能容忍更多非惡意的玩笑。即便對方充滿惡意，他也不怕，因爲他很快就能予以回擊，絕不讓對方佔半點便宜。

用幽默的心情處理事情

瑞士教育學家裴斯塔洛齊曾經批判：「必須破除人與人之間的疑忌，而代之以互相信賴，破除自私自利代之以公眾利益；將人培養成典型的公民，便能發揮公民的才能。」

在裴斯塔洛齊的觀念裡，唯有教導孩童學習信賴他人，懂得寬容待人，才能夠眞正成爲願爲公眾出力的良好公民。

顯然，學習怎麼撐大肚皮，有容人的雅量，是教育應該多加著力的地方。

幽默是人際關係裡的緩衝劑，許多爭執在幽默的語言互動之下，出現了一些不至於正面衝突的喘息空間，當事人可以視情況予以規避或是重新填彈上場，對彼此來說都是一個可供轉圜的境地。

幽默感可以展現出一個人的坦然氣度，也可以呈現一個人的智慧深度。培養幽默感，也是培養自己的度量，能夠撐大自己的肚皮，撐出足以容人、愛人的雅量，無形中也開展了人生的寬度，減緩人際衝突的向度。

智慧語錄

若要度量長，先學受冤枉；若要度量寬，先學受懊煩。

——呂坤

運用機智守住機密

有些機密事情不能說就是不能說，如果真的是好朋友，就不該不體諒對方的處境，而執意要人說出秘密，讓人左右為難。

人是一種喜歡「偷窺」的動物，所以特別喜歡秘密，喜歡享受那種「只有我知道」的獨一無二的感覺，彷彿因爲自己極爲特別，才有權得知這個秘密。

人，喜歡自己是特別的、受人尊重的。

但人也是矛盾的動物，因爲，他們一方面想保有自己的秘密，不讓別人知道，另一方面卻想運用各種方法，去探知別人的秘密。

遇到這種情形，你應該如何發揮機智加以因應呢？

用幽默的方式，表達你的意思

美國羅斯福總統擔任海軍助理部長時，有一天，一位好友突然來訪。兩人閒聊了一會，朋友竟然問起，海軍在加勒比海的某個島上建立基地的事。

「我只要你告訴我，」羅斯福的朋友說：「我所聽到的那個有關基地的傳聞是否確有其事。」

羅斯福一聽楞了一下，朋友所要打聽的事，在當時是不便公開的；然而，既是好朋友出言相求，拒絕也不是，但是羅斯福職責所在，不能輕易洩漏國家機密，所以，不拒絕也不是，那麼到底該如何是好呢？羅斯福陷入了

進退兩難的局面。

雙方沉默了一陣子，羅斯福抬頭望了望四周，然後壓低嗓子向朋友問道：「你能保證你會保密、不張揚出去嗎？」

「能。」好友面露興奮的表情，急切地回答。

「那麼，」羅斯福微笑著說：「我也能。」

用幽默的心情處理事情

知道太多秘密，其實對自己並沒什麼好處。

怎麼說呢？因爲，一旦知道了某些秘密，特別是不得公開的秘密，就面臨了要保守秘密的壓力；明明知道得一清二楚，卻一個字也不准說出來的那種感覺，其實是挺難受的。

如果，還有人整天挨在身邊，磨著你要把秘密說出來，那更是一大煎熬，因爲忍著不說心裡相當難受，遇著了某些關鍵字，還得千方百計地瞞過去，害怕洩漏了蛛絲馬跡；萬一，要是不小心說露了嘴，又不知會惹來什麼樣的麻煩，你說如何不煎熬？

朋友間講求肝膽相照，本來應該知無不言，言無不盡，但是，有些機密事情攸關個人和團體利益和安危，不能說就是不能說，一定要堅持原則。

反過來說，如果眞的是好朋友，就不該不體諒對方的處境，而執意要人說出秘密，讓人左右爲難。

羅斯福以子之矛攻子之盾，一句話巧妙地堵住了朋友的探詢，在滿足朋友的好奇心和堅守自己的分際之間，他選擇了盡職地保守秘密。如果，他的朋友能夠理解他的立場，相信一定也能諒解他所做的決定。

智慧語錄

如果感到生氣，開口前先數到十；如果非常生氣，就數到一百。

——托馬斯．傑弗遜

嚴格禁止不如迂迴暗示

說明得越含糊，越能在聽者心裡勾勒出諸多的想像，所達到的效果也就越好，比起厲聲指責、禁止，更能達到目的。

每個人都會設立某些規矩，在自己可以掌控的範圍內，也總是希望別人多少依著自己制定的規矩行事。

然而，人偏偏是最不守規矩的生物，一旦有人破了例，什麼規矩也管不了。所以有人打趣地說，規矩就是設來破壞的。

想要別人依著自己的規矩做事，首先，要讓規矩看起來不像規矩，就像接下來的這個例子一般。

用幽默的方式，表達你的意思

法國著名女高音歌唱家瑪．迪梅普萊有一座美麗的私人林園。儘管，她已經標示這是私人林地，不希望未受邀請的人任意進入，但是每到周末，總會有人偷溜進她的林園摘花、拾蘑菇，有的甚至搭起帳篷，在草地上野營野餐，弄得林園一片狼藉，骯髒不堪。

迪梅普家的管家曾命人在林園四周圍上籬笆，並豎起「私人林園禁止入內」的木牌，但仍無濟於事，林園依然不斷遭踐踏、破壞。

於是，管家只得硬著頭皮向主人請示。

迪梅普萊聽了管家的報告之後，請管家做一些大牌子立在林園的各個路口，上面醒目地寫明：「如果在林中被毒蛇咬傷，最近的醫院距此十五公里，開車約半小時即可到達。」

從此，再也沒有人闖入她的林園。

用幽默的心情處理事情

有些人天生反骨，就喜歡和人唱反調，別人說東，他偏要說西；別人說不准進入，他偏要進去瞧瞧到底裡頭有些什麼不想讓人看的東西。

要對付這種豬頭，硬碰硬絕對沒什麼好處，倒不如用迂迴的方法，反其道而行，讓他知難而退，省事又不費力。

就像瑪．迪梅普，說一百句「請勿進入」、「禁止入內」也沒什麼用，那些人只要想得到就能溜得進來，倒不如警告他們裡面有毒蛇，而能急救的醫院遠在天邊，不怕死的就來吧！

這種方法果然達到了極佳的效果，害怕毒蛇的人全不敢來了，即使他們不見得會碰上毒蛇。

說明得越含糊，越能在聽者心裡勾勒出諸多的想像，所達到的效果也就越好，比起惡行惡狀地厲聲指責、禁止，更能達到目的。

政府推動法令也是相同的道理。貿然頒行一道禁令，勢必會引起相關利益團體的反對，使得法令推行受到了阻礙，然而如果能在宣導的同時，分析施行法令對該團體的好處，及不施行時對全民有何壞處，說不定在輿論的推動之下，就能順利施行。

所以說，與其強硬地規定，還不如柔軟地說服。

智慧語錄

「智慧」真像天使降臨，舉起鞭子，把犯罪的亞當逐出了他的心房。

——莎士比亞

與其消滅敵人，不如增加盟友

以時間換取空間，以不流血、不衝突的方式，無形之中，也能達成敵消我長的目的。

由於處事的立場不同，自然會有所謂的「敵友之分」，但是否一旦成爲敵人，就永遠不可能成爲朋友？

是否彼此的意見不同，就非得要互相敵對，誓不兩立，如同莎士比亞筆下的羅密歐與茱莉葉家族，只要一日爲仇就得世世爲仇，直到犧牲了羅密歐與茱莉葉的愛情爲止？

其實，世上沒有永遠的朋友，也沒有永遠的敵人，一旦雙方的立場改變，局勢也將隨之改變。

用幽默的方式，表達你的意思

以自由、平等為信念的亞伯拉罕·林肯，在擔任美國總統的時候，對待政敵的態度，一度引起一位高層官員的不滿。

這位官員批評林肯不應該跟自己的敵人做朋友，而應該戮力地消滅他們，以確保自己的政權。

但是，林肯聽了只是微微一笑，「當他們變成我的朋友時，」林肯十分溫和地說：「難道我不就是在消滅我的敵人嗎？」

與其花費心思去消滅一個敵人，不如試圖讓自己增加一位盟友。因為，當所有的人都成為你的朋友，哪還有什麼敵人可

言？

林肯之所以善待每一位有機會共事的人，是因爲他知道世事變化如此難料，今日的敵人，有朝一日，說不定會成爲自己成功的推手。

用幽默的心情處理事情

朋友，是人生的寶藏之一，有了朋友的支持與激勵，即使是一句話、一個眼神，都可以讓自己在關鍵的時刻中，擁有一分安心的力量，生出強烈的信心，推動著自己勇敢地朝著目標前進。

然而，我們也需要敵人，因爲有了敵人的刺激，可以讓自己冷靜下來，正視自己當前的處境，正視自己的弱點。

當你有了競爭的對象，也才能帶來更上一層的成長。

何必爲了那些跟自己過不去的人氣昏頭？面對敵人，要懂得用機智代替憤怒。如果一味以仇視、對抗的態度去處理事情，不只預設的立場容易使自己蒙蔽了理智，更容易使得周遭硝煙味十足，隨時都可能擦搶走火，最後造成兩敗俱傷的局面。

倒不如仔細地思索，看看是否能尋找有利於自己的契機，妥善加以運用；找尋可能爲自己所用的人才，慢慢加以拉攏，一點一滴慢慢地擴大自己的勢力。

以時間換取空間，以不流血、不衝突的方式進行應對，無形之中，也能達成敵消我長的目的。

當然，人不能單純到認爲這個世界沒有壞人，但是，最聰明的人，會懂得如何運用機智和壞人做朋友，在把持住自己的大原則之下，儘量化敵爲友，掌握住致勝的契機。

智慧語錄

伸出你的手去幫助別人，而不是伸出你的腳去踢倒他們。

——戴爾·卡耐基

人多勢眾不一定就會成功

真理是越辯越明的，別人的批評反而可以讓自己有更多的機會，以另一個角度看待事情。

常言道：「三人成虎」，意思是說，只要有幾個人在街上傳說路上有老虎出沒，最後大家就會信以爲眞了。

謠言傳得多了，常常會混淆視聽、以假亂眞，所謂「一人傳虛，萬人傳實」，說的也是這個道理。

然而，眞的只要一些人隨口說說，眞相就會因此而被謊言掩蓋了嗎？

還是說，即使千萬人都認爲是錯的，只要用坦然的心情面對，就有撥雲見日、水落石出的一天？

用幽默的方式，表達你的意思

大科學家愛因斯坦自從提出了「相對論」之後，便在科學界引發了一場巨大的波濤，因爲，在他的創見當中，有不少理論顚覆了傳統的觀念與說法，因此得到的褒貶不一。

一九三〇年的時候，德國曾經出版了一本批判相對論的書，書名就叫做《一百位教授出面證明愛因斯坦錯了》。

愛因斯坦知道這件事後，卻禁不住哈哈大笑。

他說：「一百位教授，幹嘛要這麼多人？只要能證明我眞的錯了，哪怕一個人出面也足夠了。」

愛因斯坦就是有著這樣的自信，所以他根本不怕與人辯論，因爲眞理是越辯越明的，別人的批評反而可以讓自己有別更多的機會，以另一個角度看待事情。

他的從容態度告訴我們，只要自己覺得自己是對的，那麼，不管有多少人反對，都應該堅持下去。

用幽默的心情處理事情

所謂「先者難爲知，後者易爲攻」，率先提出新理論、新想法的人，本來就會遭受到其他人的質疑與批判。唯有千錘百煉之後，所存留下來的，才是不容辯駁的眞理。

行事當然要抱持著懷疑的態度，才不會讓自己落入人云亦云的陷阱裡，才能夠保持清明的理智，從各種角度思考可能的盲點，判斷事情的是非對錯。

除此之外，既然透過自己的推論與判斷得出了結論，就要對自己的答案有信心，不要每每想找人背書，非得要一群人壯大了聲勢，才敢去找人理論，這不反而顯得自己氣弱了嗎？

一百位教授又如何？

人數的多寡並不是致勝的唯一要素，重點在於所使用的武器夠不夠精良，有沒有睿智的攻防策略。

也就是說，切入的角度和論點，是不是眞有與別人抗衡的能力，如果是的話，最後留存下來的才是最站得住腳的理論。

智慧語錄

人要是隨便發脾氣，就等於在人類進步的階梯上倒退了一步。

——達爾文

找出你專屬的「洩氣」管道

有誰會喜歡一個天天癟嘴、眉頭緊皺的人呢？器量不大的人也能成為可愛的人，只要你找出了自己專屬的「洩氣」管道。

每個人都有過生氣的經驗，因爲生氣太容易了，只要心中有了委屈、憤恨，不愉快的情緒很快就會衝上大腦，忍不住想動氣。

可是，心中有氣可不一定就能隨處亂發，還得看時間、地點、場合，否則，自己的氣消了，卻引起別人的怨懟，非但把氣氛弄僵了，還可能惹出一堆烏煙瘴氣的是是非非。

但話又說回來，若一個勁兒地把怒氣往肚裡吞，表面上還得裝出一副若無其事的模樣，那可就需要極高的修養，不然，一不小心沒控制好，就可能會被彼此積壓已久的怒氣炸得屍骨無存。

用幽默的方式，表達你的意思

美國南北戰爭時代，曾經有過這麼一則小故事。

一天，陸軍部長斯坦頓來到總統林肯的辦公室，一進門，就氣呼呼地說，有一個目無尊長的少將，竟用侮辱性的話語指責他偏袒、自私。這樣子虛烏有的指控，讓斯坦頓氣得吹鬍子瞪眼睛、臉紅脖子粗，恨不得立刻把那名造謠生事的傢伙抓過來痛打一番。

林肯安靜地聽完斯坦頓的抱怨，彷若同仇敵愾般，建議斯坦頓立刻寫一封信，好好地回敬那

傢伙，給他點顏色瞧瞧。

「狠狠地罵他一頓！」林肯說。

斯坦頓二話不說，立刻提筆寫了一封內容尖酸刻薄、措辭相當激烈的信，然後拿給林肯看。

「對了，對了。就是這樣，」林肯一邊讀著信，一邊高聲叫好：「沒錯就是這樣！好好教訓他一頓，你可真是寫絕了，斯坦頓。」

但是，當斯坦頓把信摺好，準備裝進信封裡時，林肯卻突然厲聲叫住他，問道：「斯坦頓，你要做什麼？」

「信寫好了，當然是寄出去啊。」斯坦頓被林肯總統的神情、態度搞得有些摸不著頭緒了。

「快別胡鬧了。」林肯大聲說：「這封信不能寄，快把它扔進爐子裡去，凡是生氣時寫的信，我都是這麼處理的。這封信寫完之後，你一定已經發洩了怒氣，瞧，現在感覺好多了吧！那麼就請你趕緊把它燒掉，再寫第二封信吧。」

沒錯，生氣的時候，因爲心裡的怒氣控制了自己的心神，特別容易做出衝動且日後會後悔莫及的蠢事，也容易落入別人的激將陷阱。

若是沒有適當的發洩管道，可以事先消消氣，那麼心裡的氣，就像是氣球裡的空氣，因爲無處可漏，於是撐大了氣球，而且越撐越大，最後超出氣球所能負荷的限度，只好「碰」的一聲，徹底地爆發開來。

林肯的方法是，把心裡的怒氣全部寫了下來，任何不滿、不愉快，全部透過筆尖，一一發洩出來，然後一把火燒得灰飛煙滅。

因爲，當你能將自己生氣的原因，以及對對方的種種不滿全部轉換成文字，無形中也讓你有了喘息、和緩、冷靜的空間，也才能重新以不同的角度去思考問題的癥結所在。

氣頭過了，才能靜下心來想想對方爲什麼會有這樣的舉止，進而想出適當的解決方法，才能保持人際關係的和諧。

所以，尋找適合自己的專屬洩氣管道，讓自己能儘快地冷靜下來，是極爲重要的事，特別是本來就器量狹小的人。

因爲，器量不大的人，很容易被身邊的一些小事撩撥，也就是說氣球的容量比較小，能夠忍受的氣也就少，動不動就易發怒，「怒」形於色自然容易得罪人，人緣自然差。

試想，又有誰會喜歡一個天天癟嘴、眉頭緊皺的人呢？器量不大的人也能成爲可愛的人，只要你找出了自己專屬的「洩氣」管道。

智慧語錄

憤怒對別人有害，但憤怒時受傷最深的乃是本人。

——托爾斯泰

沒本事，也要懂得依樣畫葫蘆

人與人之間是相對的，男人與女人之間更是對等的。若是你不仁，那麼就不要怪別人不義。

老生常談的一句話：「你怎麼對別人，別人就會怎麼對你。」反過來說，別人怎麼對你，你最好也別客氣，別默默承受，要懂得依樣畫葫蘆，順著對方的語意回敬他。

用幽默的方式，表達你的意思

春嬌和志明新婚不久，志明就離開家到外地去謀生。臨走前，他答應春嬌，兩個星期以後就會寄錢回家。

可是，春嬌等了很久，一直沒有收到這筆錢，眼看著交房租的日子已經到了，於是著急地打電話給志明說：「房東逼房租逼得很緊，你趕快想想辦法匯錢回來吧。」

志明聽了，回答說：「最近手頭不方便，過幾天一定匯錢回去，親愛的，給妳一千個吻。」

第二天一大早，志明便收到春嬌的簡訊，上頭寫著：「親愛的，現在不用急了，你給我的一千個吻，我打算轉交給房東，他說如果我願意的話，這個月的房租就不用交了。」

用幽默的心情處理事情

你猜故事中的志明收到簡訊之後，會不會立即想辦法匯錢給春嬌？

步入婚姻之後，必須面對許許多多現實問題，因此，愛情一開始就應該是熱情和責任的混合。唯有如此，才不會出現故事中的情節，男的推託自己應該擔負的責任，女的只好自謀出路。

人與人之間是相對的，男人與女人之間更是對等的。若是你不仁，那麼就不要怪別人不義。如果男人不養家，女人又何須癡癡地守護著家園？

「沉默以對」不是最好的做法，不要把別人當傻瓜，自己也不要淪爲別人眼中的傻瓜。

沒本事，也要懂得依樣畫葫蘆，把對方應該負的責任丟還給對方。每個人都應該要學著對自己好一點，因爲，沒有人可以照顧你一輩子，只有你，才是自己永恆的依靠。

智慧語錄

不論你想笑別人怎樣，先笑你自己。

——哈利·福斯第

06

隨機應變，才能通過難關

知道要怎麼反駁別人的人不一定聰明，知道如何順應對方期望、隨機應變的人，才是真正的聰明人。

喜歡損人，小心被損

報應總是在人們最沒有防備的時候到來，喜歡損人罵人的人，一旦出糗了，面對周圍的人「活該」的眼神時，恐怕只能自認倒楣。

俄國文豪托爾斯泰曾經說過：「憤怒或許對別人有害，但是，憤怒時受傷最深的其實是你自己。」

機智幽默可以說是人際應對不可或缺的智慧，尤其是當自己出糗或遭到言語攻擊之時，適時發揮機智幽默反唇相譏，絕對可以扳回一城。

無論是在男女關係的角力，或是國家民族的較勁，「欺人者，人恆欺之」這句話永遠都會是不變的眞理。

有個高傲自大的美國人來到台灣渡假，有一天，在海產餐廳裡點了一客龍蝦大快朵頤。當他吃到盤底朝天了以後，服務生殷勤地走上前去，準備把他的龍蝦殼收走。

這時候，美國人好奇地問：「你們都是怎麼處裡吃剩的龍蝦殼的？」

服務生不疑有他，直覺地回答：「當然是丟到垃圾桶去啊！」

美國人說：「No！No！No！真是沒有環保概念！在我們美國，我們把吃剩的龍蝦殼送到工廠加工，做成蝦餅，然後再賣到你們台灣來！」

餐後，餐廳照例上了一盤水果。

當這名美國人吃完橘子，服務生正準備把橘子皮收走時，美國人又問：「你們又是怎麼處理這些吃剩的橘子皮的呢？」

服務生回答：「當然是丟到垃圾桶裡啦！」

美國人聽了之後，再度皺起眉頭說：「No！No！No！真是沒有國際經濟觀！

在我們美國，我們把吃完的橘子皮送到工廠加工，做成果醬，然後再賣到你們台灣來！」

好不容易，這名討厭的美國人終於吃飽喝足，口裡嚼著口香糖走到櫃檯結帳，美國人又問服務生：「你們都是怎麼處理吃完的口香糖呢？」

服務生回答：「當然是丟到垃圾桶裡啦！」

美國人搖著頭說：「No！No！No！眞是沒有成本概念！在我們美國，我們會把吃完的口香糖送到工廠加工，做成各式各樣的保險套，然後再賣到你們台灣來！」

此時，服務生反問他：「那你們美國人是如何處理用過的保險套呢？」

美國人回答：「當然是丟到垃圾桶裡啦！」

這時，憋了一肚子氣的服務生，終於逮到機會，回敬說：「No！No！No！眞是不懂得資源回收！在我們台灣，我們都是把用過的保險套送到工廠加工，做成口香糖，然後再賣到你們美國去！」

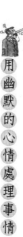

遇到別人挑釁，不必暴跳如雷，也不必漲紅臉無言以對。

儘管反唇相譏並不是最好的方法，但是在「是可忍，孰不可忍」的時候，如果你不想忍氣吞聲，就必須發揮機智，倒打對方一耙。

既然你讓我用口香糖做成的保險套，那我就奉還給你保險套做成的口香糖，你說哪一個比較缺德？

報應總是在人們最沒有防備的時候到來，那些自以爲是，又喜歡損人罵人的人，一旦出糗了，面對周圍的人「活該」的眼神時，恐怕只能自認倒楣。

人的潛力是無窮的，不管是發明演進的創造力，或是吵架鬥嘴的劣根性。

但這是忍無可忍的狀況，與其挖空心思將精神耗費在唇槍舌劍的鬥嘴上，倒不如多用在對自己有益的地方。

智慧語錄

借力使力的另類思維用若無其事的方式提醒別人。提醒他不知道的，好像是提醒他忘記了的。

——戴爾．卡內基

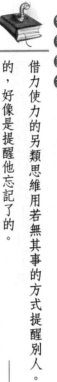

不行的人最喜歡往臉上貼金

遇到喜歡吹噓自己有多神的人，根本不必和他們一般見識，最好的方法是用幽默的話語點出事實。

莎士比亞曾經教導我們如何面對患有「大頭病」的人，大意是說，要一個得意忘形的人看清他自己的嘴臉，只有舉一個相同的例子讓他做鏡子；倘若附和他的行爲，或是沉默以對，只會助長他的氣焰。

讓對方照照鏡子，確實是一個「用幽默代替沉默」的好方法。

用幽默的方式，表達你的意思

一個八十歲的老人去醫院做健康檢查。檢查的過程中，老人不斷向醫師炫耀，說他新婚的妻子有多好多辣。

「醫生，你知道嗎？我老婆年紀才二十出頭耶！」老人歡喜地叫道。「我們結婚四個多月，你知道她有多愛我嗎？不但無時無刻都想要跟我『那個』，還整天老公長老公短，黏我黏到我都嫌煩了！」

老人嚥了一下口水，又得意洋洋地說：「告訴你，我老婆最近還懷了孕！怎麼樣？羨慕我吧！」

只見醫生靜靜地聽著。從頭到尾不發一言。

診斷結束以後，醫師停下手中的筆，對老人說：「你的事情，讓我想到一位朋友的遭遇。這位朋友曾經跟我說過一個故事，是他在非洲狩獵時遇到的。那時，他在草原上遇到一頭獅子，立刻從背上抓起來福槍來瞄準。然而，他很快就發現他犯了一個大錯，他抓的是雨傘，不是來福槍。」

老人聽得目瞪口呆，醫生繼續說：「但是，這個時候，說什麼都已經太遲，獅子就在他面前不到兩公尺的地方，而且一副就要撲過來的模樣。我的朋友別無選擇，只好作勢把雨傘舉在胸前，使盡全身的力氣，對著獅子『砰！砰！砰！』大叫三聲。結果，奇蹟竟然發生了，槍聲過後，那頭獅子竟然倒在地上，就這麼死掉了。」

「這……這怎麼可能？」老人大叫：「那肯定是別人幹的！」

「嗯……」醫生贊同地點點頭，「我也這麼覺得。」

用幽默的心情處理事情

很多事情其實都是別人幹的，但是有些患了「大頭病」的人，明明自己不行，偏偏喜歡往自己臉上貼金。

遇到這種喜歡吹噓自己有多神的人，根本不必和他們一般見識，最好的方法是像故事中的醫生，用幽默的話語點出事實。

同時，我們也得提醒自己不要染上「大頭病」，才不會陷入尷尬處境。

當你碰上某件好事，處處都順心如意時，請想一想，你憑的是什麼？

當你認爲自己有多麼了不起，天地萬物全都操之在自己手上時，請你再想一想，你憑的又是什麼？

當你坐擁大好江山，覺得自己心想事成，得來全不費功夫之時，請想一想，你憑什麼？

時時刻刻回頭觀照自己，是預防「大頭病」的不二法門。人可以享受自己的幸福，但千萬不要誇耀自己的幸福，更別把自己的好運視爲理所當然。

天底下沒有白吃的午餐，也沒有十全十美的人物，處於逆境時，要當心走，處於順境時，更要用心走。

人一旦得意，就容易忘形。美好的事物盡在眼前，你是天之驕子，你是天賜好運，但請回頭想一想，你究竟憑什麼？

智慧語錄

勇氣不是盲目地忽視危險，而是看見便去克服它。

——李斯特

別朝吝嗇鬼吐口水

文明人面對吝嗇鬼，當然沒必要朝他們吐口水，但是不妨運用機智幽默，適時酸他們一頓，讓他們了解自己在別人眼中究竟是什麼德行。

有個吝嗇鬼去酒吧叫了一杯啤酒，喝到一半時，突然覺得內急，但又怕上洗手間時杯子裡的酒被別人喝掉。

於是，他心生一計，向服務生借了筆和紙，在酒杯外面貼上一張紙條，寫道：「我在杯子裡吐了一口痰。」

然後，他便放心地去上廁所。

一會兒，他回到座位，看見自己的酒還在那裡，一點兒也沒少，便很高興地舉起酒杯，正打算要一飲而盡時，他看見紙條上多了一行字，寫著：「我也吐了一口！」

吝嗇的人的特性是錙銖必較，千方百計不讓別人佔便宜，但事實上，他們爲此絞盡腦汁，除了換來嘲笑之外，自己又得到了什麼好處呢？

其實，對於那些吝嗇的人來說，刻薄別人幾乎已經成爲他們的家常便飯，因此，想要拆穿他們的眞面目，唯有用適度的機智幽默，才能讓他們的這種不良習性突顯出來。

用幽默的方式，表達你的意思

有一戶人家聘請塾師來家裡教幾個孩子讀書，但是這家的主人非常吝嗇，供給塾師的飯食能省就省，能儉就儉，因此，塾師的飯碗裡經常只有星星點點的地瓜和飯，以及只剩下骨頭的肉，連個青菜都沒有，吝嗇到連孩子私底下都爲老師抱不平。

一個下雨天，地上因爲受了雨水的潤澤而變得滑溜，一名孩子端著茶盤茶杯走路，不慎跌了一跤，把杯子盤子都摔壞了。

主人見狀，不先關心孩子受傷了沒有，反而心疼起那些碎裂的杯子盤子。他凶神惡煞般地狠狠訓斥孩子，孩子不知該如何是好，只是一逕地推說地面太過溼滑。

主人說：「如果你可以寫出『滑』這個字的話，我就不修理你。」

「這有什麼難的，」孩子回答說：「『滑』這個字，就像老師的飯盒一樣，上面一點點，中間也一點點，底下瘦瘦的一批，右邊什麼菜都沒有，只有一根大骨頭。」

主人聽了，知道孩子是藉此諷刺自己平時對塾師刻薄。想不到自己的心思全被孩子看穿了，這個吝嗇的大人頓時覺得很不好意思，整張臉羞愧得紅了起來。

用幽默的心情處理事情

馬克吐溫曾說：「如果你懂得使用，金錢是一個好奴僕；如果你不懂得使用，它就變成你的主人。」

吝嗇的人表面上看來省下了許多，但實際上是把自己的時間和心思浪費在小事上，也會因此而失去了別人的尊敬和喜愛，偏偏他失去的，是用多少錢也買不到的，你認爲這樣值得嗎？

節儉是一種美德，但是在節儉的同時，我們也應該做到不計較。你付出的只是你給得起的東西，得到的卻是買不到的友誼。

處事大方的人與吝嗇的人比起來，獲得的總是更多。因爲吝嗇的人只著眼於現在，大方的人卻會往遠處看。

文明人面對吝嗇鬼，當然沒必要朝他們吐口水，但是不妨運用機智幽默，適時酸他們一頓，讓他們了解自己在別人眼中究竟是什麼德行。

智慧語錄

朝聖者聽著！人間本無路，路是人走出來的。

——理查．羅爾

隨機應變，才能通過難關

知道要怎麼反駁別人的人不一定聰明，知道如何順應對方期望、隨機應變的人，才是真正的聰明人。

遇到棘手的問題，無論你怎麼解釋，都沒有辦法讓所有人滿意，但是，你可以選擇讓自己順著別人的語意，從中找出自圓其說的說詞。

當然，順著別人的想法走下去，你的道路不一定會變得比較寬敞，但至少會變得比較暢通。

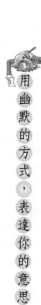

用幽默的方式，表達你的意思

一位妓女打算從良，但是又擔心丈夫知道她曾經做過妓女，於是特地在新婚之

夜準備了一瓶紅墨水，想要在辦事的時候，伺機偷偷灑在床上，假裝是她的落紅。

沒想到人算不如天算，當天晚上，床頭上不知道爲什麼出現了一瓶同樣包裝的綠墨水，妓女在黑暗中摸索，竟不小心錯拿成綠墨水，弄得整張床上佈滿了「綠色的血痕」。

隔天天亮了以後，丈夫被眼前的景象嚇了一跳，震驚地問老婆：「怎麼妳的血是綠色的？」

妓女不虧是妓女，不但見多識廣，而且反應絕佳，非但沒有沉默以對，反而立刻裝模作樣倒在丈夫的懷裡，羞答答地抱怨說：「都怪你昨天晚上那麼用力，把人家的膽囊都給戳破了。」

用幽默的心情處理事情

人生有很多尷尬、難堪的狀況必須面對，選擇沉默只會被認爲默認，支支吾吾講不清楚，也只會讓事情越描越黑。

這種時候，只有懂得隨機應變，才能度過眼前的難關。

我們常講張三反應快、李四反應慢，一個人的反應快不快似乎決定了他的聰明才智，以及他在別人心目中的形象。

然而，真正聰明的人不一定講求「反應」，相反的，他們懂得去「順應」別人。不管遇到什麼事情，照著別人的期望做就對了；不管遇到什麼樣的人，順著他們的話講下去就行了。

知道要怎麼反駁別人的人不一定聰明，知道如何順應對方期望、隨機應變的人，才是真正的聰明人。

智慧語錄

你若不是持著盾牌歸來，就應躺在盾牌上歸來。

——普盧塔克

遇到難題要有反擊的勇氣

人生旅途上，我們可能會碰到許多不能解決的問題，更可能的是，我們碰到了問題卻選擇不去解決。

曾經改變無數美國人命運的激勵大師諾曼・文森特・皮爾博士說：「應該睜大眼睛看著困難，衡量困難的大小，對它進行分析。如此一來，你就會覺得，困難並不如它的外表那樣可怕。」

的確，困難之所以會是困難，是因爲我們從困難的角度看待它。有時候運用不同的角度看事情，你會看見更寬廣的天，更蔚藍的海，以及更遙遠的地平線。

診斷室裡，醫生面色凝重地對病人說：「你得了一種非常罕見的傳染病。我們準備要把你隔離，你今後的每天都只能吃薄煎餅。」

病人詫異地問：「吃薄煎餅就能把我的病治好嗎？」

「當然不能，但根據我們討論的結果，目前想到能從門縫下面塞進去的，只有薄煎餅而已。」

這位病人的遭遇眞是悲慘，但是，有時候被「隔離」，你還是有一定的能力可以反擊！

某天，媽媽教訓兒子：「你再不聽話，我就要把你關進廁所裡，把門鎖起來，到時候你可別求我！」

誰知，兒子聽了，並沒有被嚇住，反而機伶地回嘴道：「那麼，到時候妳想上廁所，也不要來求我！」

用幽默的心情處理事情

是不是？換個角度去想事情，事情就變得簡單多了！

人生旅途上，我們可能會碰到許多不能解決的問題，更可能的是，我們碰到了問題卻選擇不去解決。

是因爲問題太難了嗎？還是因爲我們缺乏面對困境的勇氣？

或許只是因爲我們一味地相信薄煎餅能夠治病，卻忽略了眞正吃薄煎餅的原因；或許只是因爲我們只會自認倒楣地被關在廁所裡，卻忘了自己其實也有反擊的能力。

人生不如意之事十之八九，當你遇到問題時，不妨試著用幽默代替沉默，換個角度思考，你會發現，事情並沒有你所相信的那麼棘手複雜，問題也並不是你所以爲的那般堅不可摧。

智慧語錄

虛榮心是以他人為鏡，而利己心是把他人當作使用的道具。

——弗迪那德·唐尼斯

先找出癥結，再設法解決

看事情，不要只看表面；要解決問題，就必須先找出問題的癥結，然後才能夠對症下藥。

做人做事的基本原則是，不要把時間浪費在「所見爲何」上，而要仔細地去思索「爲何有所見」。

不要埋怨這個世界上爲什麼有那麼多愛找麻煩的「賤人」，有時候不是別人賤，而是我們少了一點「心眼」。

用幽默的方式，表達你的意思

老李走進一家餐館，點了一份濃湯。沒多久，服務員就以親切熱忱地態度把湯

端了上桌。

豈料，服務員才剛剛轉身，老李就不悅地嚷嚷了起來：「搞什麼！這湯我根本沒有辦法喝。」

服務員依照餐廳的規矩，重新再端上來一碗剛剛煮好的湯，沒想到老李仍然不識趣地大聲抱怨著：「這湯我沒辦法喝！」

遇到這種「奧客」，服務員別無他法，只好找餐廳經理出面，試圖擺平這個執拗難纏的客人。

餐廳經理聽聞此事，畢恭畢敬地來到老李面前，客氣有禮地問道：「先生，這碗湯是本店的招牌菜之一，很多客人喝過以後都認爲很不錯，請問您有什麼意見嗎？」

「我的意見就是……這桌上怎麼沒有湯匙呢？」

用幽默的心情處理事情

俄國諷刺作家克雷洛夫提醒我們：「不管面對什麼形式的批評，最好先弄清楚對方的意思，然後以機智幽默的方式回應。」

確實，有時候對方不滿的只是你沒給他「湯匙」，而不是你的「湯」不好喝，摸不清對方的用意，根本無法讓對方滿意。

有錯就改，當然值得稱讚，但我們卻常常在還搞不清楚狀況前就急於改變，想從眼前的際遇翻身，結果大意失荊州，反而改掉正確的，留下錯誤的，對自己百害而無一利。

看事情，不要只看表面；要解決問題，就必須先找出問題的癥結，然後才能夠對症下藥。

遇到麻煩，大部分人都只急著解決問題，而沒有好好去審視問題的本質。結果，力氣花了，功夫做了，問題卻有增無減，這種心態才是我們真正該去面對的問題！

智慧語錄

打破常規的道路指向智慧之宮。

——布萊克

你算計別人，別人也會算計你

有時候你覺得吃了虧，其實是逃過了更大一劫；有時候你埋怨自己腦袋不夠靈光，其實應該慶幸自己沒有自尋煩惱。

無可否認的，在這個強調腦力競賽的時代，懂得耍弄心機的人比較容易出人頭地。但是，別忘了，耍弄心機的目的是為了讓自己做事更順利，而不是心存歹念算計別人。

千萬別以為自己聰明絕頂、心思縝密，其實，每個人心裡都有一台計算機，當你在算計別人時，別忘了，別人也在算計你！

衆所皆知，監獄裡面所有來往的信件都會經過嚴格的檢查。

某個犯人收到他老婆寄來的信，信上寫著：「親愛的，我想要在家門口的花圃種馬鈴薯，請問我應該什麼時候種呢？」

犯人回信道：「記住，不管在任何情況下，絕對不能挖開花園裡的任何一寸泥土！因爲我所有的槍都埋在那裡面。」

幾天以後，犯人的老婆寫信給他：「好奇怪喔！前幾天有六個調查員突然來到家裡。他們把我們家門前的花圃裡的每一吋泥土都翻遍了。」

目的達成的犯人於是很簡短地回信，向老婆說：「現在已經是種馬鈴薯的時候了……」

用幽默的心情處理事情

俄國作家岡察洛夫曾說：「把自己觀察與經驗，和諧而巧妙地運用到生活之中，就是智慧。」

做人要長心眼，但是不要耍心機。

沒有心眼，處處吃虧，被人賣了還認眞地幫人數鈔票，最後換來一場懊惱，這樣的人怎麼可能活得快樂？

心機太重，處處算計，凡事以小人之心度君子之腹，總想著如何耍弄詭計，這種人自然也快樂不到哪裡去。

俗話說得好，「害人之心不可有，防人之心不可無」。多一事不如少一事，有時候你覺得你吃了虧，其實你是逃過了更大一劫；有時候你埋怨自己腦袋不夠靈光，其實你應該慶幸自己沒有自尋煩惱。

正所謂「人算不如天算」，除非你認爲自己的道行比天高，否則，讓天去算就好了，千萬別浪費了腦力，別把心機浪費在算計別人！

智慧語錄

幽默帶來悟力和寬容，冷嘲則帶來深刻而不友善的理解。

——雷普利爾

每個夢想都必須付出代價

大多數的人都喜歡追逐那些龐大的夢想，終日汲汲營營，反而因此忽略了自己目前所有的，這是多麼不值得啊！

人之所以會痛苦，就是因爲人總是喜歡好高騖遠，不腳踏實地圓夢，卻把心思集中在自己沒有的東西上，希望它瞬間降臨。

現代人講究效率，喜歡速成，但速成的事物可能與自己的想望有所出入，有時還會讓人哭笑不得。

用幽默的方式，表達你的意思

一個男人總認爲自己在女人堆裡非常吃不開，心灰意冷之際，對上帝祈求說：

「請您賜給我一群女人圍繞在我身邊吧！」

豈料，老天爺總是喜歡捉弄人，男人的願望還來不及實現，就在上班的途中被一輛卡車撞倒住進了醫院。

躺在病床上的他，望著窗外的天空，忿忿不平地想著：「上帝對我眞的太不公平了……」

就在這個男子自怨自艾時候，護士長突然領著十幾名年輕貌美的實習護士，走到他的病床前，讓她們圍繞在男子床邊，並且交代她們說：「這名患者因爲被車子撞到，全身的骨頭都斷了，妳們現在所要做的，就是教他如何對著便盆小便……」

用幽默的心情處理事情

上帝是公平的，也常常用幽默的方式展現公平；你想要什麼，最後便會獲得什麼，只不過，你願不願意付出相對的代價。

有句廣告詞說：「事業的成功彌補不了家庭的破碎。」

也有句老生常談的俗話說：「再多的財富也買不到健康的身體。」

大多數的人都喜歡追逐那些龐大的夢想，終日汲汲營營，反而因此忽略了自己目前所有的，這是多麼不值得啊！

若是想要求進步，你可以去想望那些你目前缺乏的，但是目標一定要明確，腳步一定要踏實。若是想得到快樂，你便需要適時靜下心思，回過頭來細數自己已經擁有的。

人生的最大理想，無非就是進步與快樂，兩者缺一不可。

智慧語錄

勸告很少受人歡迎；最需要勸告的人，永遠最不喜歡接受勸告。

——奇斯特菲爾德

07

用盡力氣，不一定能得到勝利

那股「想要贏過別人」的念頭，經常會成為你不快樂的源頭。你必須想通這一點，才不會用盡一切力氣，只為了得到虛假的勝利。

運用漂亮的反擊最省力

漂亮的反擊，靠的是相當的勇氣與智慧。運用敵人的武器來打仗，才能真正把敵人殺個片甲不留。

人際往來，難免會得到不少有意客套或誠心稱頌的讚美，當然，批評的言詞也是免不了的。

當你碰到刻意的譏諷時，會有什麼反應？是一個人氣得牙癢癢，還是先搞清楚狀況，再予以反擊？

用幽默的方式，表達你的意思

一齣著名的舞台劇初次公演獲得廣大迴響之後，負責寫這齣劇的劇作家蕭伯納特地發一份電報給劇中擔任女主角的演員，上頭寫著：「精采之極，絕妙之至！」

女演員收到電報，認爲自己的演技受到了肯定，感到受寵若驚，立刻謙虛地回覆說：「您過獎了！」

沒多久，蕭伯納再次來電，解釋說：「對不起，我指的是劇本。」

女演員也不甘示弱地回覆道：「我指的也是。」

用幽默的心情處理事情

蕭伯納故意誤導女演員，讓她以爲受稱讚的是自己，之後才又潑她一盆冷水，告訴她所謂「精采之極，絕妙之至」指的是蕭伯納自己寫的劇本。

幸好這名女演員很聰明，立刻反將一軍，諷刺蕭伯納的誇讚言過其實，不管蕭伯納誇獎的是演員，還是劇本。

這讓我們看見，攻擊別人，只要言詞刻薄一點就行了，但是漂亮的反擊，靠的卻是相當的勇氣與智慧。

回應別人的攻擊，不該只是「你打我一拳，我也要砍你一刀」，如此只是流於「互揭瘡疤」的地步，即使用盡全力，也不見得能達到效果。不如「以子之矛，攻子之盾」，運用敵人的武器來打仗，才能眞正把敵人殺個片甲不留。

所謂的「反擊」，不是反駁對方的話語及觀點，而是先認同他的看法，然後再把他的標準套用在自己的身上，沒有幾個人禁得起這樣的檢驗。

人在批評別人的時候，其實也是在不知不覺中透露出自己的缺失。只要能夠讓他看見這一點，你就贏定了！

智慧語錄

你助人，然後人人助你，這是鄰里之間互愛的原則。

——尼采

要搞清楚狀況，以免說錯話

很多人都埋怨自己一開口就得罪別人，那是因為他們永遠搞不清楚狀況，努力說了一堆話，卻在無意中傷害別人猶不自知。

英國作家喬叟曾經寫道：「如果你能夠把諂媚的花言巧語讓人聽起來變成坦率懇切的苦口良言，那麼你就離成功不遠了。」

確實如此，說話辦事是人類生活必不可少的活動，如果說話有技巧，便能用最小的力氣達到最大的目的。

用幽默的方式，表達你的意思

招募志願兵的廣告看板上寫著：「加入傘兵吧，從飛機上跳下來還不如過馬路危險。」

沒多久，有人在廣告下面寫道：「我很願意參加，可是要去到徵兵辦公室，必須要先過馬路。」

「從飛機上跳下來還不如過馬路危險」，這句話的意思，原本是在告訴人們「跳傘是一件很安全的事情」，但是聽在有心人耳裡，卻會被曲解成「過馬路比跳傘還要危險」。

用幽默的心情處理事情

很多人都埋怨自己不會說話，經常一開口就得罪別人。那是因爲他們永遠搞不清楚狀況，總是針對某一個人說話，沒有顧全在場所有人的感受。

例如，這種人在讚美別人時，會這麼說：「妳長得好漂亮，是全場女性中最漂亮的一個！」

想想看，這句話聽在其他人耳裡會是什麼滋味？

他稱讚了一個人，卻得罪一「拖拉庫」的人。

要知道，不是每件事情都能夠拿來比較的，特別是人與人之間，「比較」更是一大忌諱，只會讓比贏的人不好意思，比輸的人暗地裡咬牙切齒。

不管你要說的是好話還是壞話，是褒揚還是貶抑，都要把握一個原則：不要「牽拖」到別人，以免努力說了一堆話，卻在無意中傷害別人猶不自知，說錯了話還怪別人故意誤解你的話。

智慧語錄

如果我們沒有創造幸福生活，我們就沒有任何權利享受幸福；這正和沒有創造財富無權享受財富一樣。

——蕭伯納

用正確的態度面對他人的錯誤

很多人總是不快樂，因為他們往往用盡了心力，身邊的人卻仍錯誤不斷，覺得自己正因為別人的錯而受累。

服務業有句名言：「顧客永遠是對的。」

這不表示顧客眞的永遠不會犯錯，而是在提醒我們，要用對的方式去處理顧客犯的錯。

售貨員之所以可以和顧客保持良好的關係，就是因爲只把眼光放在「如何與對方保持良好關係」，而不去想「客人究竟有多難搞」。

在這個紛紛擾擾的時代，許多無謂的爭執衝突，都是溝通不良引起的！

想要提昇自己的處世競爭力，一定要講究策略和技巧，幽默的話語不只可以替自己解圍，同時也可以是輕鬆溝通的工具。

用幽默的方式，表達你的意思

一名百貨公司的銷售部經理，因爲部門裡其中一位售貨員對顧客的態度不好，因而將他解雇。

幾個月後，經理在馬路上遇見那名被他炒魷魚的下屬，發現對方正穿著警察制服四處走動。

經理向他打招呼，說道：「看來，你已經加入警察部隊了。」

已離職的售貨員開心地回答：「是的，我發現，再也沒

有任何工作比警察這個工作更適合我了！因爲對我這個職位來說，『顧客』永遠都是錯的。」

用幽默的心情處理事情

看見了嗎？只有警察才能夠說「『顧客』永遠是錯的」。

當你在指責別人的錯誤時，你也是在扮演警察的角色。然而，你並不是警察，而是你父母的小孩、你上司的下屬、你朋友的朋友、你丈夫的妻子，或是你孩子的母親……

警察只能指出錯誤，但是你卻有能力去改變身邊的人的錯誤。

警察只會批評、論斷外加勸說，但是你還可以去安慰每一個在身邊的人，關心他們、了解他們。

不要讓自己變成警察，總覺得錯的都是別人。要去扮演一名售貨員，別管顧客對不對，先想辦法成交再說。

很多人總是不快樂，是因爲他們沒有搞清楚問題到底出在哪裡，往往用盡了心力，身邊的人卻仍錯誤不斷。

他的父母犯了錯、他的上司犯了錯、他的朋友犯了錯、他的伴侶犯了錯，他覺得自己正因爲別人的錯而受累，卻忘了自己其實也犯了一個天大的錯誤，那就是沒有用對的方式，去面對別人犯的錯。

只要專心去想你要的，不去想你不要的，自然就能夠得到你想要的。

智慧語錄

打破常規的道路指向智慧之宮。

——布萊克

光講道理，只是白費力氣

當一個人心靈脆弱的時候，感性早已勝過理智，這個時候，花費再多力氣，跟他講再多道理也沒有用。

看到別人遭逢不幸時，我們總是會想要給對方一點安慰，雖然這是基於對朋友的關心與好意，但是有沒有想過，我們的「好言相勸」聽在對方耳裡，究竟是溫暖的慰問，還是不痛不癢的風涼話？

用幽默的方式，表達你的意思

一天，兩名好朋友在街上相遇。

甲向乙打招呼說：「大哥，好久不見了，最近在忙些什麼啊？」

乙沉著一張臉，煩悶地說：「沒什麼，最近在忙著打一場官司。」

「喔，打官司啊，人生難免都會遇到一些麻煩事，其實這也沒什麼啦，你是原告還是被告啊？」

「是原告。」乙說。

「喔，這就對了嘛！」甲秉持樂觀主義者的精神，笑容滿面地說：「你看你多幸運啊，起碼原告比被告好啊！」

乙一聽，氣憤地罵道：「好你個頭啊，我告的是強姦你嫂子的人！」

甲聽到這話，頓時無言以對，只好乾笑幾聲，有事先走。

用幽默的心情處理事情

面對陷在痛苦深淵的人，我們經常會告訴對方「想開一點」、「沒什麼大不了的」、「往好的地方想」，但是你不是他，怎麼能了解他的痛苦？怎麼能體會他的心情？又有什麼資格告訴他應該要怎麼做呢？

當一個人心靈脆弱的時候，感性早已勝過理智，這個時候，花費再多力氣，跟他講再多道理也沒有用。

此時不如閉上嘴巴，給他一點安靜的空間，用擁抱代替慰問，用陪伴代替說理，讓他知道「他不是一個人」，好過告訴他「他應該怎麼做」。

記住，在朋友面前，我們應該要做最能夠讓他感到溫暖的那個朋友，而不是去做最會講道理的那一個人。

智慧語錄

很少有東西是不能通過勤奮和技藝獲得的。

——塞繆爾．約翰遜

遇到沉默，更該仔細思索

當你身邊的人寧可保持沉默也不願開口說話時，便應該仔細思索，釐清問題出在哪裡，搞清楚他們為什麼會如此沉默。

雖然有句話說「沉默是金」，但沉默有時也是一種嚴重的不解與抗議。很多人把別人的沉默當成自己的舞台，以爲別人安靜了，自己就可以大聲。事實上，對方的沉默不表示認輸，有可能只是懶得理你而已。

用幽默的方式，表達你的意思

音樂廳裡，大鋼琴家的手指劃過琴鍵，彈出樂曲的最後一個音符。台下一片寂靜，兩分鐘之後，觀眾才激動地爆發出雷鳴般的掌聲。

等到散場之後，記者連忙採訪一名正往外走的聽眾：「請問，剛才那陣寂靜，是不是因爲音樂太感人，讓您太投入了？請問您可以說幾句話來表達您對這場音樂會的看法嗎？」

只見那人歪著頭，想了想，回答道：「老實說，剛才的音樂，我一點兒也沒聽懂，又沒有人帶頭鼓掌，所以我

就一直等……」

用幽默的心情處理事情

沉默是最好的武裝，人在茫然無措的時候，最容易選擇沉默。因此，每個沉默的人，其實都很需要人們適時的關心，特別是自己身邊的人，如果他們說的話越來越少，沉默的時間越來越長，那表示你們之間的距離越來越大。

你可以扮演台上那個不可一世的音樂大師，怨嘆自己總是在對牛彈琴，也可以走下台來，放下身段，多聽聽對方的感受。

不要以爲沉默是「認同、默認、沒意見」的表現，那更有可能會是「無話可說、動輒得咎」的反射。

當你周遭的聲音越來越少，身邊的人寧可保持沉默也不願開口說話時，便應該仔細思索，釐清問題出在哪裡，搞清楚他們爲什麼會如此沉默。

可以的話，就儘快幫助他們打破沉默吧，別讓他們一直等。

智慧語錄

憂慮奪不去明日的憂愁，只磨蝕了今天的力量。

——克羅寧

多操心，只會破壞好心情

如果真的要擔心，就等事情發生了再擔心吧！千萬不要讓腦海中的壞念頭，壞了今天的好心情。

很多時候，我們總認爲只要自己努力一點、謹慎一點，就可以阻止許多壞事發生。但是，從另一方面來看，誰能夠阻止得了老天爺的計劃呢？

既然該發生的事情，再怎麼努力也阻止不了，又何必白白操心，多做一些無謂的掙扎？

用幽默的方式，表達你的意思

在飛機上，一個年輕人和一位老人並排坐著。

飛機起飛不久，年輕人問老人：「請問，現在幾點鐘？」

老人想也不想，就回答說：「我不能告訴你，因爲，我要是告訴你現在幾點鐘，你就會向我表示感謝。這樣，我們就會開始聊天，一旦話匣子打開，我們會成爲好朋友。再過一會兒，我們就會一塊兒下飛機，一起去提領行李，一起走出機場。到時候，我的女兒會到機場來接我，她長得很漂亮，所以你一定會愛上她，她也會愛上你，再過不久，你們就會決定結婚。可是，你要知道，我絕對不會把我的寶貝女兒嫁給一個連手錶都沒有的窮光蛋！」

用幽默的心情處理事情

看到這裡，你會不會覺得，這個老頭子也未免太過杞人憂天了吧！然而，我們不是也常常這樣？被老闆罵了，就想到自己有可能會被炒魷魚。丟了工作，就想到自己很可能會被女朋友拋棄。失戀了，立刻想到自己可能會孤獨終老。生病了，馬上聯想到自己有可能會死。

奇妙的是，我們擔心的事情，幾乎從來沒有眞的發生過，但是我們卻花了好多好多的心力，爲那些還沒有發生，或是根本不會發生的事情擔心。這又是何必呢？

如果眞的要擔心，就等事情發生了再擔心吧！千萬不要讓腦海中的壞念頭，壞了今天的好心情。不如多花點心思，好好享受身邊美好的事物，多爲自己儲存一些快樂的能量，好抵擋將來有可能會發生的狂風與暴雨。

智慧語錄

如果你是聰明，你會知道自己無知；如果你不認識自己，你便是愚昧。

——路德

換個角度，就會發現自己的價值

> 只要你學著去欣賞自己，你就會發現，自己身上的缺點只是缺點而已，不是障礙，也絲毫不會減損你的價值。

在世人的眼光中，駝背是一種缺陷，是不完美的，但是從天上看下來，駝背也可以顯得很美麗。

只要還活著，還有一口氣在，就沒有什麼東西稱得上是「不完美」。

用幽默的方式，表達你的意思

一位能言善道的牧師在教堂內歌頌造物主的偉大。

末了，他向在場的信徒們發問：「你們誰敢說天底下有哪件事物，不是造物主最完美的傑作？」

語畢，有位駝背的信徒從教堂的角落中緩緩站起來，問牧師說：「依您看，我這個駝背怎麼樣？難道這也是造物主完美的傑作之一嗎？」

牧師想也不想，立刻回答說：「嗯，這是我見過駝得最完美的一個背，不論曲線或是造型方面，都堪稱是上帝最完美的傑作。」

用幽默的心情處理事情

我們每個人的身上都有很多缺點，我們的生命旅途中都有很多障礙，但是，那是因爲我們站在地上，從低微的角度去看。

一旦站到高處，把自己的眼光拉高，你身上的缺點又算得了什麼？在你生命中阻擋你的那座大山，其實也只不過是個小土堆而已。只要你願意離開你自己現在身處的位置，把自己的世界放大，就會看見，自己是完美的。

也或許，你會看見，你所在的這個世界是多麼的美好，那麼，你完不完美又有什麼關係呢？畢竟你已經擁有了這個完美的世界啊！前提是，你必須要往上看，去仰望天，而不是擁抱著那個卑微渺小的自己，遲遲不肯鬆手。

不要被大部分人錯誤的思想影響了你的判斷。一個人完不完美，一點也不重要，一個人喜不喜歡自己，這才比較重要。

只要你自己不覺得「駝背」是個問題，它就一點也不是個問題，也一點都不會影響到你的美麗。只要你學著去欣賞自己、喜歡自己、從高處來看自己，你就會發現，自己身上的缺點只是缺點而已，不是障礙，也絲毫不會減損你的價值。

智慧語錄

只要堅定不移地向著目標前進，就一定會達到目的。

——列夫·托爾斯泰

不要耗費心力跟自己過不去

很多不幸的事情，我們只能別無選擇地讓它發生。但是在它發生以後，我們可以選擇去想著它，或是不去想它。

當我們的情緒出現問題時，其實是思想先發生了問題。因爲我們總是想著一些負面的事物，所以就累積了一堆負面的情緒。

這也就是說，想要轉變心情，就必須先改變思想。

當壞事發生的時候，你總是在想些什麼呢？你又應該要怎麼想，才會讓自己覺得好過一點呢？

火車誤點，引起大批群衆的不滿和批評，第二天的報紙上，盡是對火車站長的負面報導。

爲此，站長特地召開記者會，對新聞記者說：「你們抱怨我們對火車誤點沒有採取任何措施，這並不是事實。難道你們沒有注意到，我們在候車室裡又增加了三條長椅嗎？」

用幽默的心情處理事情

火車誤點可能有很多無法排除的原因，火車站長沒有辦法讓火車不誤點，在那個當下，他唯一能做的，只是讓等候乘車的旅客等得舒服一點。

我們的生命中也有很多班誤點的火車，不管是誰的責任，悲劇就是發生了。然而，在這悲劇當中，或許隱藏了許多良善的好事，可能有人爲你偷偷加了椅子，有人對你

伸出援手，有人安慰你……但是，你看見了嗎？

也許你會認爲，那些東西你都不稀罕，你要的只是火車趕快來，其他的東西有或沒有，都無所謂。

如果你眞的這樣想，那是你自己在跟自己過不去。沒有人欺負你，沒有人得罪你，是你自己一直在得罪自己。

火車誤點，不是你的錯。但是你拼了老命去想著「火車誤點」，說什麼也不肯忘，徒然耗費自己心力，這又是誰的責任呢？

很多不幸的事情，我們只能別無選擇地讓它發生。但是在它發生以後，我們可以選擇去想著它，或是不去想它。

智慧語錄

我們可能永遠都做不對，但是不做就永遠沒有機會。

——張勁燕

08

狀況搞清楚，才能成功說服

要說服別人之前，一定要先了解對方在意的是什麼。如此一來，才能實實在在地把話說到對方的心坎裡。

能尊重差異，才能解決問題

世界上沒有兩個人是完全相同的，尊重人與人之間的差異，可以讓別人跟你相處得更自在，也可以讓你更懂得欣賞他人的特色。

你是否是個樂於「分享」的人？

你眞的懂得如何「分享」嗎？

樂於與人分享自己喜愛的事物是件好事，但是也要注意自己是不是在不知不覺中，將「分享」變成了「勉強」。

用幽默的方式，表達你的意思

有位神父和猶太人一起參加朋友的婚禮，宴會開始以後，第一道端上來的菜餚是火腿。

神父很熱情地問猶太人：「你要不要來點火腿？」

猶太人搖著頭回答，因爲宗教的因素，所以他不能吃火腿。

但是神父仍不放棄，再次熱情地勸猶太人嘗試一點，因爲火腿的味道實在太好了，不吃多麼可惜！

猶太人再次聲明，因爲宗教的關係，所以不能吃任何豬肉製成的食物。無奈神父始終有聽沒有懂，每吃一口，就頻頻問猶太人要不要來一點。

最後，猶太人終於忍無可忍，放下手中的刀叉，很認眞地問神父說：「神父，你是否很久都沒有和女人做愛了？」

神父感到非常驚訝，愣了一會兒，然後有些

不好意思地提醒猶太人：「因爲宗教的因素，神父不能和女人做愛，也不能有任何性生活的。」

猶太人聽完，聳聳肩說：「神父，你眞的應該要去嘗試看看，我保證，那味道絕對比火腿更好！」

用幽默的心情處理事情

我們經常用自己的方式來考慮別人的需要，卻忽略了別人其實也有他自己的喜好與堅持。

我們經常用自己的標準來要求別人也要做得一樣好，卻不能接受別人心中也有自己的一把尺。

我們總是搞不清楚問題出在哪裡，所以，常會感到沮喪，覺得好心沒好報，常會感到挫折，認爲別人怎麼講也講不聽。

然而，事情其實並沒有那麼嚴重。別人不按照你期望的模式去做，不一定是他的錯，只是他的想法和你不一樣而已。

這個世界上沒有兩個人是完全相同的，不管是多麼親密的朋友，多麼知心的同伴，彼此之間都一定有相差甚遠的地方。

尊重人與人之間的差異性，可以讓別人跟你相處得更自在，也可以讓你更懂得去欣賞他人的特色。

這份尊重讓你的心胸更開闊，若是別人拒絕了你的好意，你也能夠體諒，萬一好心沒好報時，你也不會覺得失落。

因爲你明白，每個人心目中的「火腿」都不一樣，有時候，衆樂樂不如獨樂樂，誰說一定要大家都一樣才會快樂？

智慧語錄

應當耐心聽取他人的意見，認真考慮指責你的人是否有理。如果他有理，你就修正自己的態度；如果他理虧，只當沒聽見。若他是一個你所敬重的人，那麼可以通過討論，指出他不正確的地方。

——達文西

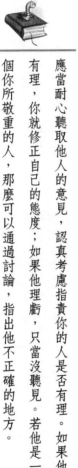

逃避，只會更突顯問題

如果你不敢面對自己的錯誤、搞不清楚自己的問題，只知道一味掩飾、逃避，必定會使自己的下場更加悲慘。

你知不知道，誰最有可能會洩漏你的秘密？

不是別人，就是你自己！

因爲，大多數人做錯事以後，都非常清楚要怎麼欺騙別人，卻很少人能夠勇敢地面對自己。

用幽默的方式，表達你的意思

一天，警察在高速公路上攔下了一輛超速的車輛，準備開一張六千塊錢的超速罰單。

開罰單的同時，警察懷著勸人悔過的好意，對開車的駕駛說：「眞是可惜啊！你知道你被罰的這些錢可以用來做什麼嗎？」

駕駛想了想，很後悔地說：「對啊，有這些錢，我就可以去考駕照了！」

警察聽了，大吃一驚：「原來，你不只超速，而且還無照駕駛！」

此時，坐在副駕駛座的老婆連忙搖下車窗，替老公辯解說：「警察先生，對不起，我老公喝了酒，

所以亂說話！」

「你還酒後開車！」警察越聽越生氣。

坐在後座的老母親見狀，也搖下車窗，苦苦哀求說：「警察先生，您行行好，請您千萬不要開我兒子罰單。我們可是費盡千辛萬苦，好不容易才偷到這輛車子的啊！」

「天哪，你還偷車！」警察立刻打電話向總部報備。

駕駛的爸爸一心急，連忙下車，抱著警察的大腿說：「拜託您網開一面吧，我們拼了命才逃獄出來，這下子又要吃牢飯了！」

警察簡直不敢相信自己的耳朵：「什……什麼？你們還逃獄！」

就這樣，他們一家人又被抓回牢裡去了。

用幽默的心情處理事情

爲什麼很多人經常會在無意間洩漏自己的秘密呢？

因爲人們在做錯事之後，總是不敢面對現實，沒有勇氣收拾殘局，只好將那個秘密一直藏在心裡，不去處理。

漸漸地，他們變得疑神疑鬼，害怕秘密被人發現，整日憂心忡忡，飽受後悔的煎熬。

最後，在強大的心理壓力下，他們不得不把心裡的秘密抖出來。到了那個地步，他們早已不顧後果，也不管時機，只知道自己一刻都憋不下去。

你是否也有過類似的經驗呢？

做錯事的當下，我們總是不敢面對，然而，時間一長，拖得越久，越沒有勇氣認錯。原以爲自己可以一直這樣逃避下去，沒想到到了最後，人終究還是要爲自己做錯的事情負責。

既然如此，爲什麼不在一開始的時候，就勇敢面對呢？

要知道，錯誤只會越拖越大，謊言只會越編越多。這個世界沒有秘密，所謂的「秘密」，就是用來給人揭穿的。

如果你不敢面對自己的錯誤、搞不清楚自己的問題，只知道一味掩飾、逃避，必定會使自己的下場更加悲慘。

看看故事中的那家逃獄犯，他們爲了逃避「被開罰單」的懲罰，結果反而爲自己招來更嚴重的後果。

要是他們一開始就乖乖接受懲罰，付出應付的代價，事情也不至於越描越糟、越滾越大，你說是嗎？

智慧語錄

世間有思想的人應當先想到事情的終局，隨後著手去做。

——伊索

認清自己的選擇才算負責

> 你的人生取決於你自己的選擇，所以，你應該要為自己負起最大的責任。埋怨環境、責怪別人只會讓你更看不清楚自己。

當事情無法盡如己意的時候，許多人心裡的第一個念頭不是搞清楚問題出在哪裡，而是先怨天尤人一番再說。

似乎只要這麼做，發生的一切就都不是他們的錯了。

但是，光會怨天尤人，根本無法解決問題。

用幽默的方式，表達你的意思

小明讀小學三年級時，因爲數學又考零分，被求好心切的媽媽抓到房間裡痛打了一頓。爸爸在房門口，聽到兒子被教訓得很慘，心想等一下兒子出來以後，一定要好好安慰他一下，以免在他幼小的心靈留下陰影。

不久後，小明眼眶含淚，垮著一張臉，走出書房。爸爸爲了先了解他被打完以後心裡的感受，就問他說：「被媽媽打，你有什麼感覺？」

小明擦擦眼淚，用哀怨的眼神看著爸爸：「我的感覺就是——你爲什麼要娶她？」

爸爸聽了，也用同樣哀怨的眼神看著兒子，回答：「還不都是因爲你！」

用幽默的心情處理事情

怪別人，是我們最容易做，卻也是對我們最沒有幫助的事。

當事情不如己意的時候，怪環境、怪他人，可以讓我們覺得好過一點。但是我們卻忘了，不管環境多不由人，不管周遭的人多麼強勢，在百般無奈之中，我們依然還是有自己的自由意志，我們還是有選擇的餘地。

就算有人拿槍威迫你做選擇，你都還是可以選擇識相地順從，或是慷慨地就義，不是嗎？

面對現實吧，不管在什麼樣的壓力之下，你的人生都還是取決於你自己的選擇，所以，你也應該要爲自己負起最大的責任。

埋怨環境、責怪別人只會讓你更看不清楚自己。當你停止這個壞習慣以後，就會發現，別人所犯的錯誤，你沒有能力去改變，但是你自己犯下的錯誤，現在還來得及去更正。

智慧語錄

相較於對勝利的期望，和平是更好、更安全的。

——李維

認為自己幸運，一切都變得平順

世界上最幸運的人，不是從來沒有遭受過不幸的人，而是那些即使在不幸之中，依然覺得自己很幸運的人。

沒有人喜歡不幸，但是，也沒有人能夠阻止不幸的事情發生，關鍵就在於你用什麼心境面對這些事情。

有句話說：「一切幸運並非沒有煩惱，一切厄運也絕非沒有希望。」

只有能夠從厄運中看見希望的人，才有機會戰勝厄運。

用幽默的方式，表達你的意思

某甲騎腳踏車，不小心撞倒了一個路人，他連忙把對方從地上扶起來，說：

「你的運氣眞好！」

對方一聽到這話，生氣地說：「你這個人眞可惡！撞到我不但沒有說一句『對不起』，還說我運氣好，這究竟有沒有天理啊！你看，我的腿都瘀青了，膝蓋也破皮了呢！」

「所以我才說你運氣好啊，只不過是一點皮肉傷而已，你要曉得，今天我休假，平常我可是開砂石車的呢！」只見某甲笑嘻嘻地說。

用幽默的心情處理事情

人生不可能永遠一帆風順，我們總是會遇到自己不希望遇到的事情。

然而，當不幸的事情發生時，我們可以感嘆自己很不幸：「爲什麼這種事偏偏發生在我身上？」也可以覺得自己眞幸運：「說不定原本還有更悲慘的事情要發生呢！」

雖然我們誰也不知道「原本應該要發生」的事情是好是壞，但是能夠這麼想，卻可以讓我們感到快樂一點。

世界上最幸運的人，不是從來沒有遭受過不幸的人，而是那些即使在不幸之中，依然覺得自己很幸運的人。

那樣的人，早已超越一切，世上再也沒有任何苦難可以將他打倒。他擁有的，不是多麼強烈的鬥志，不是多麼堅忍的耐心，僅僅是一顆樂觀的心而已。

樂觀，是戰勝世界最好的武器。好運其實一點也不難得到，只要你認為自己是個幸運兒，不必用盡心力找尋，就已經比絕大部分的人都還要幸運。

智慧語錄

一個非常的成功者，一定有著當機立斷抓住時機的能力。

——拿破崙

能夠面對懲罰，才能找到解答

很多時候，挨罵反而可以激發人們的鬥志，犯錯反而可以讓人從中學到教訓，接受懲罰能讓人搞清楚自己的問題出在哪裡。

許多人爲了避免挨罵，爲了免除麻煩，而去逃避自己的責任。他們不知道，這樣通常只會讓自己的前途更加黯淡。

不要害怕挨罵，也不要擔心犯錯，更不要爲了逃避責罰而什麼都不做，因爲，只有坦然面對懲罰，你才能找出解答。

用幽默的方式，表達你的意思

一天，就讀小學二年級的小明問媽媽：「一個人會不會因爲自己沒有做過的事情而受到懲罰？」

「當然不會啦。」媽媽溫柔地回答。

「那麼，一個人會不會因爲自己沒有做過的事情而挨罵呢？」小明聽了，依舊一臉憂心忡忡地問道。

媽媽回答說：「你沒做過的事，誰也不能因此而罵你，放心吧，小寶貝。」

小明聽到這裡，才鬆了一口氣，開心地跳了起來說：「謝天謝地！我今天沒有做功課。」

用幽默的心情處理事情

小明的心態，其實也是許多上班族的心態。他們認爲一個人不會因爲自己沒有做過的事情而受到懲罰，所以寧可「少做少錯，不做不錯」，也不願意盡自己最大的努力，扛起最多的責任。

然而，在大人的世界裡，一個人之所以受到懲罰，不一定是因爲他做了某些不該做的事，更有可能，是因爲他沒有做某些應該做的事。

很多時候，挨罵反而可以激發人們的鬥志，犯錯反而可以讓人從中學到教訓，接受懲罰能讓人搞清楚自己的問題出在哪裡。

若是你沒有辦法忍受別人的指責，很可能無法清楚看見自己的缺點；若是你不讓自己有犯錯的可能，無形中也是抹殺掉自己學習的機會。

挨罵是成長的跳板，犯錯是學習的捷徑。唯有一顆謙卑勤勉的心，才能讓我們在人生的課堂上交出最好的功課。

智慧語錄

最有希望的成功者，並不是才幹出眾的人，而是那些最善於利用每一個時機去發掘開拓的人。

——蘇格拉底

表達沒有問題，處世才會順利

如果你覺得你旁邊的人總是笨得聽不懂你的話，那麼你應該要好好反省，搞清楚究竟是他們有問題，還是你自己的問題更大。

人際之間的相處，溝通是最重要的一環。如果不善於溝通，或是表達總令人誤解，那麼在處世上一定會出現很大的障礙。

要知道，一個表達能力良好的人，不會讓自己說出口的話語有模糊地帶，也會儘量減少誤會發生的可能。

用幽默的方式，表達你的意思

一大清早，一位旅客匆匆忙忙地下樓到旅館大廳結帳。

他必須在十分鐘之內出發趕去機場。

就在這個時候，他忽然想起自己忘了帶一樣東西，於是趕緊對服務人員說：「幫我一個忙好嗎？請你趕快上樓看看我是不是把一包東西忘在房間的桌子上了！」

服務人員點點頭，表示知道了他的意思，隨即上樓去察看。

這名旅客心急如焚地在大廳裡等了整整五分鐘，服務人員才緩緩地下樓來，告訴他說：「沒錯，您放心吧，那包東西確實放

在您房間的桌子上。」

用幽默的心情處理事情

以客觀的角度來看，這個烏龍事件究竟是誰造成的呢？

大多數人都會認爲是飯店裡的服務人員太「天兵」，客人的意思，就是要服務人員把他遺留在桌子上的東西帶下來啊！

然而，仔細觀察，客人眞的這麼說了嗎？

他話裡表達的意思，只是叫服務人員替他檢查東西是不是放在桌子上，如果「帶下來」這件事才是重點，爲什麼客人卻忽略了沒有講呢？

因爲，他以爲服務人員「應該」、「可能」、「一定」會想得到。他以爲，每個人的想法都跟他一樣。

這也是許多人在溝通上最常犯的錯誤。

我們說出自己想說的話，卻忘了考量對方會怎麼解讀我們的話。當雙方產生誤會時，我們總是先責怪對方的理解力有問題，卻不願意檢討自己的表達能力是不是也有問題。

如果你覺得你旁邊的人總是笨得聽不懂你的話，如果你覺得你老是遇到一些不知道是吃什麼長大的「天兵」，那麼你應該要好好反省，搞清楚究竟是他們有問題，還是你自己的問題更大。

智慧語錄

人假使沒有自尊心，那就會一無價值。

——屠格涅夫

隨時調整距離，以免產生大問題

對我們越親近的人，越要珍惜每個溝通的機會，隨時調整彼此的步伐，才能真正搞清楚問題究竟出在哪裡。

與你最親近的人相處的時候，是不是能夠百分之百了解對方的想法？是否能夠察覺出你們之間細微的變化呢？

你想要的，不一定是對方想要的。正因爲如此，「熱臉貼冷屁股」的事情，才會在夫妻之間、朋友之間、同事之間、親子之間……不斷上演。

用幽默的方式，表達你的意思

一天晚上，丈夫看見太太愁容滿面坐在床上發呆，就關切問道：「親愛的，妳怎麼了？」

太太回答道：「我正在煩惱。」

「喔？那妳在煩惱些什麼呢？」

太太說：「我在想，不知道你會陪我陪到什麼時候……」

丈夫聽了，心裡感到一股暖流，連忙抱住太太，溫柔地說：「放心吧！我會陪妳到天荒地老。」

「所以囉，這正是我煩惱的事情。」太太嘆氣道。

用幽默的心情處理事情

眞正令人感嘆的，不是「我們的想法不一樣」，而是「不知道從什麼時候開始，我們的想法竟然從一樣變成不一樣」。

人與人的關係實在很微妙，默契好的時候，連不說話都可以知道彼此心裡想的是什麼。然而，感情一旦產生了變化，無論再怎麼費盡唇舌，對方聽不懂就是聽不

懂。

其實，這樣的改變不會在一夕之間突然發生，必定是長久下來無數個小小的嫌隙、小小的誤會，無數個你以為「沒什麼大不了」的小小爭執，日久月深漸漸累積而成。

大家都知道「小病不治，就成大病」的道理，人際關係也是一樣，小小的誤會不講開，最後就成了絕交的理由。

尤其是對我們越親近的人，越要珍惜每個溝通的機會，隨時調整彼此的步伐，確認雙方處於相同的頻率，才能真正搞清楚問題究竟出在哪裡。

否則，一覺醒來才發現兩人的距離竟然已經這麼遠，到時候，再怎麼努力補救也已經來不及了。

智慧語錄

對上級謙恭是本分，對平輩謙恭是和善；對下級謙遜是高貴；對所有人謙遜是安全。

——亞里斯多德

狀況搞清楚，才能成功說服

要說服別人之前，一定要先了解對方在意的是什麼。如此一來，才能實實在在地把話說到對方的心坎裡。

你有遇過「奧客」的經驗嗎？

你知道要怎麼跟「奧客」溝通嗎？

所謂的「奧客」，通常都有一個共同的特色，就是他們想要以最少的代價獲得最大的收益。

用幽默的方式，表達你的意思

一對夫妻趁著週末假期，來到一處海邊渡假。

他們到一間濱海的旅館，想要訂一間房間。

然而，當他們聽到旅館服務員報房價時，不禁驚訝地說：「這太貴了吧！」

服務員解釋說：「這可是一間可以觀看海景的房子啊！這裡的海景非常漂亮，用這樣的價錢可以欣賞到如此美麗的景色，已經算是物超所值了！」

「那，不如這樣好了，」太太說：「我們保證不拉開房間的窗帘，可以算我們便宜一點嗎？」

用幽默的心情處理事情

很多人買東西的時候都像這對夫妻一樣，根本一點都不在乎商品的品質與特色，只是一味要求更低的價格、更多的優惠、更好的贈品、更大的折扣……換句話說，他們只是想要買得「划算」一點。

這個時候，與其花費力氣告訴他們「一分錢，一分貨」的道理，不如告訴他們：「這個價錢已經是優惠價格，過了這個優惠期限，可是要花上兩倍的價錢才買得到呢！」

只要針對「奧客」怕吃虧的心理對症下藥，「奧客」同樣也會開開心心地跳下你替他挖的坑。

如果客人在意的只是「價錢」問題，你卻搞不清楚狀況，不斷地向他強調「品質」，大家溝通的頻率不對，就算是到手的鴨子也會被你氣走！

要說服別人之前，一定要先了解對方在意的是什麼。如此一來，才能見人說人話，見鬼說鬼話，實實在在地把話說到對方的心坎裡。

智慧語錄

所以，並不是我們受騙，而是我們欺騙自己。

——歌德

找出關鍵點，可以過得快樂一點

既然沒有能力改變現狀，就要找出問題的關鍵點，讓自己活得快樂一點，沒有一件事情可以奪走你微笑的權利。

有許多事情儘管是陳腔濫調，然而只要加上一點幽默、一點想像，就可以變成另一個故事。

你認爲你現在過的是什麼樣的生活？其實，同樣的事物，只要換一種角度，換一個新的包裝，就可以變得截然不同。

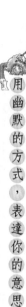

用幽默的方式，表達你的意思

小明生日的那一天，才剛剛吃完飯，小明就吵著說：「爸爸，說個故事給我聽，好嗎？」

爸爸想了想，開始說故事：「從前從前，有一隻青蛙……」

才剛講完第一句，小明就撒嬌說：「爸爸，這種童話故事我平常已經聽很多了，今天是我的生日，可不可以講一個刺激一點的、成人一點的，最好是限制級的故事給我聽啊？」

「這有什麼問題！」爸爸想了想，很平靜地說：「從前從前，有一隻沒有穿衣服的青蛙……」

另一個笑話是，就讀幼稚園的女兒去了同學家的豪宅參觀之後，回到家裡，立

刻問媽媽說：「媽媽，我們爲什麼不能住比較貴的房子？」

媽媽回答：「別著急，我們馬上就要住比較貴的房子了，剛才房東阿姨告訴我，她從下個月起就給我們加房租。」

用幽默的心情處理事情

故事依然是同樣的故事，但是稍加變化就成爲限制級。

同樣的，當你面對不喜歡卻又無可避免的事物時，不妨加上一點幽默、一點想像，就可以把原本又擠又小的房子變成又溫馨又雅緻的小小天地。

或許你會說：「那只是不切實際的幻想而已！我的生活就是糟透了，爲什麼還要那樣白費力氣去騙自己呢？」

沒錯，許多樂觀的想法，無非只是一些自欺欺人的謊話而已，但是，既然沒有能力改變現狀，就要找出問題的關鍵點，努力讓自己在一灘爛泥中儘量活得快樂一點。

告訴自己：「這糟透了！」並不能讓事情變得比較好，但是告訴自己：「其實這也沒有什麼不好。」心情就會立刻變得比較好，不是嗎？

人生的旅途中，有許多事情都足以令你跌倒，但是，沒有一件事情可以奪走你微笑的權利，除非你自己願意放棄。

智慧語錄

沒看清楚不要喝，沒讀明白不要簽字。

——西班牙諺語

09

要報復，也得選擇幽默的方式

幽默面對事實才是最精采的報復方式！他嫌棄你，你就要讓對方知道還有很多人喜歡你；他看不起你，你更應該把自己提昇到無懈可擊。

以牙還牙不是最好的方法

人與人之間的相處，受到不合理的待遇，我們心裡多少會覺得受傷，覺得對方太過可惡、不能原諒，甚至想要以牙還牙。

古希臘哲學家亞里斯多德曾說：「要發脾氣，誰都會，這並不困難，難的是當你發脾氣的時候，懂得如何掌握分寸，懂得採取適當的方式，最重要的是懂得用機智來代替憤怒。」

遇到不合理的事情，發脾氣不能解決問題，一個眞正有智慧的人，會選擇用機智突顯對方的錯誤。

下面這則故事是要告訴你，若不幸誤闖黑店時，除了破口大罵、委曲求全，其實還有更好的解決之道。

一對夫婦開著車去旅行，計劃從紐約一路玩到波士頓去。

開了好幾個小時的車之後，他們覺得很累，決定先去飯店休息一下。當他們到達飯店的時候，已經是半夜三點了，打算只睡幾個小時就離開，再繼續他們的旅程。

天才剛亮，夫妻倆便到櫃台去結帳，沒想到服務人員遞給了他們一張美金三百五十元的帳單。

先生很驚訝地說：「雖然這的確是一家很棒的飯店，但也不至於這麼昂貴吧！我要跟你們的經理談談！」

一會兒，經理出來了，他向顧客解釋說：「我們這裡有符合奧運標準的游泳池，有高級的會議室及賭場，還有和好萊塢同等級的精采表演可以看，所以收取這些費用是合理的。」

「可是，這些我都沒有用到啊。」先生說。

經理理直氣壯地表示：「這些設備一直都在這裡，是你自己不用的。」

這位先生無話可說，只好開了張支票交給經理。

經理看了看支票的面額，皺著眉頭說：「先生，你這張支票只開了一百元，還有其餘的兩百五十元呢？」

先生說：「那兩百五十元，是你跟我老婆上床的費用。」

「可…可是…我並沒有跟你老婆上床啊！」經理聽了覺得莫名其妙，連忙替自己的清白辯駁。

「她一直都在這裡，是你自己不用的啊！」

用幽默的心情處理事情

風水輪流轉，以眼還眼、以牙還牙也許可以替你出一口氣，卻不能使你的心得到眞正的平靜。

王安石曾經寫過一首打油詩：「風吹屋簷瓦，瓦落破我頭，我不怪此瓦，此瓦不自由。」

人與人之間的相處也是一樣，受到不合理的待遇，我們心裡多少會覺得受到傷害，覺得對方太過可惡、不能原諒，甚至想要以牙還牙。

這種時候，如果能夠靜下來從對方的角度來想，可能他像掉落的屋瓦一樣不長眼睛，可能他像掉落的屋瓦一樣受制於風，可能他被人性的弱點或某種力量牽制了，不能做個完全自由的人……那麼，你又有什麼好生氣、好計較的呢？

在據理力爭之餘，莫忘反求諸己。就算眞的受騙上當，也不能完全怪罪於人，或許是你自己沒有先搞清楚事實，沒有先問清楚價錢。明眼人走路撞到沒長眼睛的桌子，你能說這是桌子的錯嗎？

智慧語錄

在一隻螃蟹看來，一個朝前行走的人要多蠢有多蠢。

——利希滕貝格

要報復，也得選擇幽默的方式

幽默面對事實才是最精采的報復方式！他嫌棄你，你就要讓對方知道還有很多人喜歡你；他看不起你，你更應該把自己提昇到無懈可擊。

失戀實在是人生一大慘事，即使是威猛硬漢，此時也不免英雄氣短。

一對情侶一旦分手，除了傷心、失望、緬懷……之外，被拋棄的一方也會感到生氣、憤恨，甚至痛定思痛，開始計劃報復！

但是，想要報復，得選擇幽默的方式，千萬不要犯下無法彌補的錯誤。

用幽默的方式，表達你的意思

阿明在外島當兵的時候，慘遭兵變，交往多年的女朋友移情別戀，而且即將要和對方步入禮堂。

她寫信告知阿明這個晴天霹靂的消息，而且希望阿明可以將她過去的照片寄還給她。

阿明傷心之餘，決定輸人不輸陣，既然愛不到妳，就要把妳氣死。他決定要以強者的姿態面對那個無情無義的負心人，即使輸了裡子，也還要保住面子。

於是，阿明向同袍們要了二、三十張女孩子的照片，連同女友的照片一起裝進信封裡，然後附上一張紙條，寫著：「請挑出妳自己的照片，其餘的再寄還給我。」

用幽默的心情處理事情

你不仁，就別怪我不義。面對背叛愛情的那一方，誰能夠不想盡辦法來讓自己好過！

報復他的始亂終棄，報復他沒有義氣，報復他浪費自己的青春，報復他言而無信。你的委屈、你的痛苦、你的傷心、你的不平衡，除了報復之外，實在找不到其他的出口。

那麼，就來一場狠狠的報復吧！

首先，你應該知道，一再的哭鬧、糾纏、灑狗血、賣弄可憐都只會讓對方走得更快，他非但感受不到一絲罪惡感，反而會慶幸自己早點解脫。

裝瀟灑、裝放蕩、輕率地投入下一段戀情，也只會破壞你在對方心目中的美好形象，讓他原本對你的內疚一掃而空。

對舊情人而言，幽默面對事實才是最精采的報復方式！

他嫌棄你，你就要讓對方知道還有很多人喜歡你；他看不起你，你更應該把自己提昇到無懈可擊。不管他爲你的表現感到高興或是後悔，你都一定會在他心裡留下一個漂亮的身影。

智慧語錄

笑就是陽光，它能消除人們臉上的冬色。

——韓國諺語

用嘴巴賣弄聰明算不上智慧

上天賦予我們說話的能力，不是希望我們用嘴巴佔人便宜，而是讓我們用話語來表現自己的智慧。而有的時候，懂得沉默，也是一種智慧。

不好聽的話分爲兩種：一種是忠言逆耳，另外一種是酸葡萄心理。所謂「病從口入，禍從口出」，不必要的話能不說就儘量不要說，否則，即使你講的是忠言，聽在別人的耳裡也只會是酸葡萄心理。

用幽默的方式，表達你的意思

有個人仗著自己伶牙俐齒，經常喜歡說話戲謔人。

一次，他鄰居家的新居剛落成，他於是準備了禮品前往祝賀。一進門，劈頭便說：「這房子做得妙。」

「妙」字與「廟」字同音，他自以爲這句話要表達的意思是，這新房裝潢得就像一座廟。

主人素知他的爲人，聽出話中有話，非常不高興，便反擊道：「我這房子，充其量只能當作公家的廁所罷了。」

「咦，怎麼這麼說呢？」客人好奇地反問。

「如果這房子不是廁所的話，爲什麼你一進門就放屁呢？」

主人的一句話噎得這個客人啞口無言，只能怪自己聰明反被聰明誤。

用幽默的心情處理事情

一個成熟有智慧的人，面對別人的貶抑，並不會動不動就用生氣來解決問題，而是會用機智來宣洩自己的怒氣。

在這個已經被「口水」淹沒的社會裡，想靠一張嘴行遍天下的人比比皆是，因爲這些人認爲，只要動動嘴皮子，就能輕鬆地顯示自己比別人聰明，有時還會獲得

意外的利益，何樂而不爲？

說話人人都會說，但在開口之前，請先想想，你說這話的目的，是爲了娛樂自己，還是取悅別人？

若是爲了賣弄聰明而得罪別人，無論這話說得多麼巧妙，聽起來也只是一句沒有價值的廢話。

人們既然有嘴巴，有腦袋，那麼就只應該說兩種話：一是有幫助的話，不管幫的是自己還是別人；二是讓人聽了高興的話，把歡笑帶給這個世界。

上天賦予我們說話的能力，不是希望我們用嘴巴佔人便宜，而是讓我們用話語來表現自己的智慧。有的時候，懂得沉默，也是一種智慧。

智慧語錄

這是戰爭中的一條萬古不易的公理，確保你自己的側翼和後方，而設法迂迴敵人的側翼和後方。

——腓特烈

何必在意別人的閒言閒語

不要在意別人無心犯下的錯誤，也不要理會他人的閒言閒語，當別人因為無知而出言得罪你時，更加不要去計較！

詩人白朗寧提醒我們：「能寬恕別人是一件好事，但如果能將別人的錯誤忘得一乾二淨，那就更好。」

雖然我們不需要用自己的熱臉去貼人家的冷屁股，但也不要吝惜給那些得罪你的人一個寬容諒解的笑容。

用幽默的方式，表達你的意思

一名媽媽和正值青春期的女兒一同搭計程車出遊，當車子行經某個著名的風化區路段時，母女倆不約而同地看見一個個打扮妖艷的「阻街女郎」站在路邊「等生意」。

女兒忍不住好奇地問：「媽媽，那些女生站在路邊幹什麼？」

「她們站在路邊，是因爲……因爲……因爲她們在等老公啊！」爲了不讓女兒純潔的心靈受到污染，媽媽只好撒了一個善意的謊。

誰知，前面的計程車司機聽了，竟不屑地插嘴說：「笑死人了，沒有知識也要有常識！白癡都看得出來那些女人是妓女！」

媽媽眼著看自己的苦心被司機白白踐踏，自然感到非常生氣。

就在此時，女兒接著問：「媽媽，那些妓女會生小孩嗎？」

「當然會啊！」媽媽冷冷地說：「要不然誰來開計程車！」

用幽默的心情處理事情

不尊重別人，也就等於不尊重自己；嘲笑別人，最後受傷的還是自己。地球是圓的，世界是相對的。你種下一個好的因，就會結一個好的果：若是你種下的是一個惡因，自然也不要期望得到什麼好報。

人們常常埋怨老天爺不公平，其實，老天爺哪裡會不公平？只是祂的評斷標準和世人有所出入罷了。

越是心思偏狹喜歡計較的人，越是得不到上天的眷顧，而那些不去計較的人，得到的反而最多。

因此，不要在意別人無心犯下的錯誤，也不要理會他人的閒言閒語，當別人因爲無知而出言得罪你時，更加不要去計較！

智慧語錄

要以十當百來對抗的力氣，自己是沒有的。但是要用以十當十的力量來對抗，這是做得到的。

——山本周五郎

動錯腦筋，小心惹禍上身

不分尊卑、以牙還牙的勇氣固然令人佩服，但是奉勸你千萬不要輕易嘗試，因為不是人人都開得起玩笑。

近年來，人們很流行玩一種叫做「腦筋急轉彎」的遊戲，問題的答案往往脫離一般人的思考邏輯，不時令人捧腹大笑，是這個遊戲有趣的地方。

運動一下頭腦當然是一件好事，只是，有時腦筋轉錯了彎，是會令人啼笑皆非的，而且還會產生不良「禍」果。

用幽默的方式，表達你的意思

課堂上，女老師問一位男同學：「樹上有十隻小鳥，用獵槍打掉一隻鳥，還剩下幾隻？」

男同學回答：「一隻也不剩，因爲都被嚇跑了。」

女老師笑著說：「答錯了，按照數學的邏輯來說，應該還剩九隻，但是我喜歡你的思考方式。」

男同學被當衆指正，很不甘心，便說：「老師，我也有問題想請教妳：有三位年輕女生走在路上吃冰淇淋，第一個用咬的，第二個用舔的，第三個用吸的，請問哪一個結婚了？」

女老師想了想，滿臉通紅，很不好意思說：「……是不是那個用吸的？」

男同學笑著說：「不是，按照社會的風俗來說，應該是手上有戴結婚戒指的那個，但是我喜歡妳的思考方式。」

用幽默的心情處理事情

男同學不分尊卑、以牙還牙的勇氣固然令人佩服，但是奉勸你千萬不要輕易嘗試，因爲你的下場，很可能和下面這則故事的主角一樣。

考卷寫得很快的小明，爲了打發無聊的時間，便在考卷的下方寫上：「背面還有。」並在考卷的背面寫上：「哈！你被騙了！」這幾個大字，想要開一開老師的玩笑。

過幾天，老師公佈成績，把考卷發了下來。小明接過自己的考卷，考卷正面並無給分，只在最下方寫道：「背面還有。」

翻過背面，小明只見幾個大字：「哈！你被當了！」

人應該把心思用在有用的地方，動錯了腦筋，恐怕就會惹禍上身。不是人人都開得起玩笑，別忘了，有時你的前途還是很無奈地掌握在許多沒有幽默感的人手上。

智慧語錄

未證明不可能之前，一切都有可能——即使現在不可能，未來仍有可能。

——賽珍珠

可以賤，但要給對方留一點顏面

講話最忌諱尖酸刻薄，常常一不小心就替自己惹來橫禍，許多情殺事件不都是「嘴巴賤」惹出來的？

俄國作家瓦辛欽科在《愛情的危險伴侶》裡寫道：「面對嫉妒之時的表現，反映了一個人的性情和涵養。」

嫉妒無疑是人性的一大弱點，面對別人的忌恨，應該要表現得有點同情心，不要一味針鋒相對，如此才能反映出自己高於對方的修爲。

用幽默的方式，表達你的意思

有一天，小余在路上撞見自己的未婚妻正和一名陌生男子接吻，於是氣沖沖地奔上前去。

但那個吻似乎是個goodbye kiss，男子親吻過女人之後便朝另一個方向走掉了。小余無法人贓俱獲，只有惱怒地問未婚妻：「剛才妳是不是和一個我不認識的男人接吻？」

「是啊。」未婚妻大方地承認了。

「他現在人到底在哪裡？天底下居然有這種不要臉的人，我想，我眞該好好教教他……」

「親愛的，我想你沒有什麼東西可以教他，」未婚妻一臉陶醉的模樣，「因爲他什麼都做得比你好啊！」

用幽默的心情處理事情

大多數人最常犯的錯，就是把尖酸刻薄誤以爲幽默。

事實上，講話最忌諱尖酸刻薄，常常一不小心就替自己惹來橫禍，許多情殺事件不都是「嘴巴賤」惹出來的？

人可以移情別戀，可以朝三暮四，但絕對不能「嘴巴賤」。

情斷了，義還在，即使妳已經不再愛對方了，也請留給他一點顏面，留給他一點懷念。

妳可以告訴他，「跟他在一起比較開心」，也可以告訴他「他對我比你對我好」，但是永遠不要說出「他什麼都比你好」這樣的實話。

情人眼裡出西施，新歡當然什麼都比舊愛好，大家心知肚明就好，說出來只會加深對方的不甘，加重你自己的危險，相戀一場，何苦走到這樣的地步？曾經，他也什麼都比別人好，不是嗎？

智慧語錄

毅力是成功的先決條件，如果你不斷地用力敲門，總會有人應門的。

——亨利．朗法羅

想法決定面對困境的做法

一個人的想法決定了他面對困境時的做法。若是你幻想自己是一個快樂的人，你就真的能在平淡的生活中找到快樂。

古羅馬思想家西塞羅曾經寫道：「幽默會給人帶來歡樂，而且，常常可以產生巨大的作用。」

的確，幽默不僅能令人開懷，而且還常有潤滑的妙用，可以讓你跟別人交際的過程中增添光采。

快樂的人之所以快樂，是因爲他們懂得在困境中發掘快樂，把嚴重的事情說得很輕鬆。

候診室裡坐著一名等候許久的病人，看起來面色蒼白，不停地在那兒來回踱步，一副憂心忡忡的樣子。

當醫生終於傳喚他時，他像見到救星似的，拉著醫生的手，萬分焦急地說：「醫生，怎麼辦？我昨天誤喝下一瓶汽油！」

醫生聽了，只淡淡地回他一句：「喔……沒什麼關係啦！這幾天記得不要抽煙就好了。」

用幽默的心情處理事情

作家傑克森曾經寫道：「所有讓人『難過』的事情，通常不是事情的本身，而是我們面對這件事情的態度。」

因此，當一個人遇到讓自己痛苦難過的事情，與其整天愁眉苦臉，還不如用自嘲式的幽默「苦中作樂」。如此一來，再如何「難過」的事情，也會在「幽自己一默」的當中輕鬆度過。

無論對人對事，只要我們願意多想一想，用輕鬆幽默的心情面對當下的環境，就不難走過各式各樣的困境。

無論多麼困難的事，只要你用輕鬆的心情面對，它就會變得不一樣！

電影〈在黑暗中漫舞〉描述一名捷克女子帶著年幼的小孩移民到美國，在陌生的國度裡，她每天拼命工作，卻將所得來的微薄薪水全數放在治療她兒子和她自己即將失明的雙眼。

不管生活如何艱苦，她只要幻想自是個能歌善舞的明星，優雅地在舞台上翩翩起舞，就能自然而然地忘卻生活的煩惱，脫離眼前的困境。

是不是？一個人的想法決定了他面對困境時的做法。若是你幻想自己是一個快樂的人，你就眞的能在平淡的生活中找到快樂。

智慧語錄

蠢人總是提出千百年前聰明人已經回答了的問題。

——歌德

用盡力氣，不一定能得到勝利

那股「想要贏過別人」的念頭，經常會成為你不快樂的源頭。你必須想通這一點，才不會用盡一切力氣，只為了得到虛假的勝利。

人的好勝心是與生俱來的。

有時候，好勝心會成爲我們的動力，激勵我們一定要出人頭地、出類拔萃，但也有許多時候，好勝心會成爲我們的枷鎖，讓我們爲了求勝而不擇手段，甚至喪失自我、面目模糊。

用幽默的方式，表達你的意思

有兩個小學生在互相比較誰的爸爸比較厲害。

甲說：「我爸爸什麼都會做，是偉大的工程師。知道喜馬拉雅山嗎？」

乙回答：「當然知道啦！」

「它就是我爸爸建造出來的。」甲一臉驕傲地說。

乙聽了，不甘示弱地回答：「那有什麼了不起？我爸爸才是最偉大的神槍手，你知道死海嗎？它就是被我爸爸殺死的！」

用幽默的心情處理事情

從這兩個小學生的對話裡，也許你會覺得很可笑。人爲了求勝，眞是什麼牛皮都吹得出來，什麼天方夜譚都說得出來。

這種勝利的榮耀很虛假，但是這種勝利的快樂卻是很眞實的。人們總是認爲，只要把別人比下去，就代表自己很棒。事實上，那代表著你在用別人的標準看自己，就算你贏了他，也只是他的「升級版」而已。

表面上，你是勝利了，但眞相是，他佔據了你的心智，掌握了你的目光，甚至成爲你奮鬥的目標，成爲你活著的意義，這是多麼的可笑啊！你贏了他，但是他卻主宰了你的生命！

那股「想要贏過別人」的念頭，經常會成爲你不快樂的源頭。因爲你不是在做自己，而是在追求別人的人生。

你必須想通這一點，才不會用盡一切力氣，只爲了得到虛假的勝利。應該試著放下「輸贏」的觀念，不要去追求「贏」，而要去追求「好」；不要只想著「贏過別人」，更要去想著「對別人好」。

當你對別人好的時候，表示你比他更有能力，也更有福氣，不是嗎？

智慧語錄

爭論的時候，話要軟，心要硬。不要想去挖苦對手，要試圖說服他。

——威京斯

10

只有機智
才能化解糗事

只有充滿幽默感以及高度自信的人，才能兵來將擋，水來土淹，把場面做一個圓滿的善後。

用幽默化解無謂的爭執

> 面子之爭沒有實質好處，人要贏在骨子，不要只贏在表面上或言語上；要爭春秋之名，而不要只爭一時的人氣。

踩低別人並不一定能抬高自己，就算你能舉證歷歷說明你比別人好，也不能代表你究竟有多好。

遇到比較、爭論的時候，你最需要的並不是咄咄逼人地顧全自己的面子，而是用幽默化解這種無謂的爭執。

詩人薩克雷曾經說過：「可以這麼說，詼諧幽默是人們在處理人際關係時，所穿的最漂亮的服飾。」

確實如此，幽默的話語不僅可以潤滑你的人際關係，也可以化解尷尬或對立的氣氛，讓你處世更加具有競爭力。

用幽默的方式，表達你的意思

一名大學教授和兩名德高望重的朋友一塊兒喝酒。酒至半酣，這兩個朋友居然爲了誰的權力比較大而發生口角，一時爭論不休。

說起來，他們的來頭不分上下，一位是環保局的高官，另外一位是計劃生育室的主管，旁觀者幫哪一邊都不對。夾在中間的大學教授於是陪著笑臉說道：「你們兩位先別吵，說實在的，你們的份量都不是普通的，特別是你呀，」大學教授對著環保局的高官說：「你上管天，下管地，中間還要管空氣。」

此話一出，自然一家歡樂一家愁，大學教授連忙轉頭對面子快掛不住的那一位計劃生育室主管說：「你呀，更不得了，你不管天，不管地，就是專管所有人的生殖器。」

是管天管地比較大，還是管生殖器比較大呢？人與人之間的比較，眞是永遠也比較不完。

只是比贏了，出頭了，對於贏家本身有什麼好處？比輸了，對於輸家來說又有什麼損失呢？那不過是一種落人笑柄的私人恩怨，不過是一個幼稚的面子問題。眞的要比較，在心裡偷偷估量對方就好了，把話搬上檯面，就算你贏了面子，恐怕也早已輸了裡子，就算證明了你的份量比較重，恐怕也間接說明了你器量有多小。

面子之爭沒有實質好處，人要贏在骨子，不要只贏在表面上或言語上；要爭春秋之名，而不要只爭一時的人氣。

智慧語錄

猛獅在撲擊以前，通常總是先退後，留個撲跳迴圜的餘地。

——亨利克·顯克微茲

只有機智才能化解糗事

只有充滿幽默感以及高度自信的人，才能兵來將擋，水來土淹，把場面做一個圓滿的善後。

你有沒有聽過世界上最短的黃色笑話？那個笑話是這麼說的。

上課的時候，教授一走上講台，便問班長：「有沒有應到的未到？」

班長愣了一下，很小聲地回答：「我…我……我好像沒有聞到……」

雞同鴨講的情況不斷地發生在我們生活的周遭。

幸運的話，這只是每日笑話一則；萬一不走運，這就成了史上最倒楣的糗事一件。發生在適當的時候，大夥兒一笑置之；發生在不適當的時候，也許會誤了你的大事。

用幽默的方式，表達你的意思

人生中的意外防不勝防，再怎麼小心也很難完全避免，唯一的方法，是在事情發生的當下，你該懂得如何反應。

話說英國首相威爾遜在一次演講當中，台下突然有個異議份子，站起來高聲打斷了他：「狗屎！垃圾！」

威爾遜雖然受到侮辱，但他急中生智，不慌不忙的回應道：「這位先生，請稍安勿躁，你所提出來的關於環保的問題，我馬上就要講到了。」

一句話輕鬆的化解了這個尷尬的場面，更讓人相信，只有真正有智慧的人，才能在危急時刻做出有智慧的反應。

用幽默的心情處理事情

語言是溝通的工具，同時也是認識一個人的「呈堂證據」。

要了解一個人的內在其實很簡單，有時候從他的談話內容或反射動作，我們就可以很清楚地了解他是怎樣的人，此時此刻心裡又想些什麼。

一個人的臨場表現反映了這個人的人格特質。

粗魯的人也許會在緊張的情況下大飆粗話，毛躁的人也許會不知所措、毫無建樹，害羞的人也許會聲淚俱下、語無倫次，只有充分準備以及高度自信的人，才能兵來將擋，水來土淹，把場面做一個圓滿的善後。

如果你還不是這樣的人，那麼，請從現在起，用心雕塑出你想要的人格。

智慧語錄

寧可因為說真話負罪，也不要說假話開脫。

——薩迪

避開語言陷阱，才不會被驅逐出境

> 語言的傳遞有這麼多的障礙和陷阱，我們又怎麼能不在說話時「說清楚、講明白」呢？話講清楚一點，誤會便能減少一點。

很多時候，話沒講清楚，誤會便因此而生。

雞同鴨講的情況屢見不鮮，一句話少了幾個字，意思就不一樣了，雖然不至於產生天大的誤會，但卻有可能因此而造成尷尬的場面。

用幽默的方式，表達你的意思

一位小姐到鄉間旅行，看到一個小男孩滿身大汗地拉著一頭牛……

小姐好奇地問：「你要把牛牽到哪裡去？」

男孩回答：「到隔壁村子去和母牛配種。」

「隔壁村子離這裡多遠呢？」

「沿著這條路一直走下去，大概走上一天一夜就會到了。」

眞是太過分了，這麼粗重的工作居然落到一個這麼瘦小的小孩子身上，簡直是虐待孩童。

於是，這位小姐又問：「難道這工作不能叫你父親做嗎？」

男孩回答：「當然不行！這事一定得叫公牛才行！」

用幽默的心情處理事情

是不是？話只要稍微沒講清楚，雙方就會因此而產生誤解。

這種情形發生在日常生活中，可能被視爲笑話，但要是發生在正式場合，卻有可能被對方當成羞辱。偶一爲之也許會有「笑」果，但經常如此，就會被視爲溝通不良。

既然溝通不良，那就乾脆避之大吉好了！大部分人都會這麼想。於是，你就這麼被驅逐出境了！

有一句俗話說：「說者無心，聽者有意」，說話的人表達出自己的意思，聽在別人的耳裡卻有可能成了另一種意思。

既然曉得語言的傳遞有這麼多的障礙和陷阱，我們又怎麼能不在說話時「說清楚、講明白」呢？

話講清楚一點，誤會便能減少一點。

智慧語錄

就像沒食欲卻勉強要吃而危害健康一樣，缺乏動力的讀書會損害記憶，記憶也不長久。

——達文西

別當人見人厭的守財奴

小氣吝嗇的人「慷慨解囊」，如果不是慷他人之慨，便是為了滿足心中的低等慾望或特殊癖好。

雖說「人不爲己，天誅地滅」，但若人活著只是爲了滿足自己的低等慾望，那就算擁有龐大財富，也只不過是個人見人厭的守財奴。

那麼，遇到一毛不拔的守財奴，該如何讓他心甘情願破財呢？

用幽默的方式，表達你的意思

在一個教區裡，有個老頭吝嗇到令人難以置信的程度。雖然他每個禮拜都會上教堂，但是他從來沒有眞正在募捐箱中放過一分錢。每次做禮拜時，這名老頭總是坐在最後一排椅子上，以爲這樣別人就不會注意到他從來沒有捐過錢。

一個禮拜天，大夥依照慣例到教堂做禮拜。就在禮拜結束之前，牧師突然對信衆宣佈：「我們今天所募集到的這些錢，將會用來拯救一些墮落的女人。」

出人意料之外的，這小氣老頭居然破天荒地在募捐箱裡放錢，當場跌破了衆人的眼鏡。大家都非常意外，認爲是他坐在後面聽不清楚，或者聽錯了的緣故。果然，不久之後的某個禮拜天，老頭在教堂門外碰到牧師，還沒來得及打招呼，便焦急地問道：「牧師，我們湊錢買的那些姑娘，要等到什麼時候才會送來？」

用幽默的心情處理事情

如何才能幽守財奴一默？

或許，就像故事中的牧師一樣，先針對對方的癢處，說些語焉不詳的暗示，最後再義正辭嚴指出對方心思不正，讓對方空歡喜一場。

再怎麼小氣吝嗇的人，還是會有出手大方的時候，不過，他們的「慷慨解囊」，如果不是慷他人之慨，便是像故事中的小氣老頭，爲了滿足心中的低等慾望或特殊癖好。

花錢替自己買快樂，這是人之常情，別人沒有置喙的餘地。但是，只有願意花錢帶給別人快樂的人，才是幸福的人。人需要的其實不多，三餐溫飽、有點閒錢就已經足夠。若是有多餘的能力，與其用來養大自己的胃口，不如拿去填補別人的缺口；懂得互助，反而會感到更加富足。

俗話說得好，「施比受更有福」，那種幸福不是物慾上的滿足，而是福至心靈，打從心底所發出的喜悅。

那種幸福，比擁有全世界的財富卻一毛不拔要幸福多了。

智慧語錄

蠢才難免妄自尊大。他自鳴得意的正好是受人譏笑奚落的短處，而且往往把本該引為奇恥大辱的事大吹大擂。

——巴甫洛夫

偏執的人最容易自以為是

滿腦子成見的人，總是先入為主，自以為是，總是以為自己是對的，看在別人的眼裡，其實是多麼荒唐可笑！

主觀的人大多有一個共同的特色，那就是，他們都不肯承認自己主觀。

越是不肯承認自己抱持的是主觀的「成見」而不是客觀的「意見」，他們越是執著於自己的成見，而忽視了全世界的意見。爲了避免成爲主觀的人，遇到令自己尷尬的問題，最好先搞清楚問題的關鍵在哪裡。

用幽默的方式，表達你的意思

六歲的小明看電視看到一半，突然轉頭問爸爸說：「爸爸，陰道和食道有什麼不一樣呀？」

爸爸大吃一驚，卻仍表現出一副若無其事的樣子，心想：「現在小孩眞早熟，我們家小明雖然才小學一年級，居然已經說得出來性器官的學名了，這樣也好，早點告訴他一些性知識，才可以防止他不小心做錯事。」

於是，爸爸便極盡所能，很詳細地跟小明解釋陰道與食道的差別。說完以後，爸爸忽然想到了一些什麼，納悶地問小明是從那兒聽來這兩個名詞的。

小明回答說：「剛才『報告班長』裡面的那個班長，不是告訴連長應到幾人、實到幾人嗎？」

用幽默的心情處理事情

先入爲主的觀念往往害人匪淺。

人一旦對事情有了成見，就好像茶杯裡裝了雜質，即使倒入的水再清澈透明，也難以下嚥；人的成見如同田地裡蔓生的雜草，無論你之後再怎麼辛勤耕種，也很難有收穫。

滿腦子成見的人，總是先入爲主，自以爲是，總是以爲自己是對的，看在別人的眼裡，其實是多麼荒唐可笑！

我們並非聖賢，很難不以自己既有的觀念來評斷事物，但若能抱持寬闊的胸襟，廣納不同的意見，知錯能改，倒也無所謂。怕的是，有些人即使眞相擺在眼前，卻仍固執己見、不肯善罷干休，那麼，有見解還不如無見解，不知道還比知道要來得好。

你是否也常常陷入先入爲主的陷阱而不自知呢？在批判別人之前，請先反省反省自己吧！

智慧語錄

讀書是易事，思考是難事；但兩者缺一，便全無用處。

——富蘭克林

把路走絕，難免吃虧

很多時候，承認錯誤並不可恥。堅持己見不一定會把路走絕，卻一定會把自己的路越走越窄。

美國自然主義作家愛默生曾經說：「對事理的強姦，不僅是說謊者與好辯者的一種自殺，而且也是對人類社會健康的一種傷害。」

不懂得替人著想的人總是說：「只要我喜歡，有什麼不可以！」只顧自己、不三思而後行的結果，經常造成社會的負擔、他人的不便，也會讓自己出糗。

用幽默的方式，表達你的意思

一天，阿呆與阿瓜在百貨公司裡一邊抽煙一邊聊天。

店員看見了，趕緊上前去勸阻：「先生，我們這棟大樓是禁菸的，請不要在這裡抽煙。」

「奇怪了，你們百貨公司裡頭賣煙，卻不准客人抽煙，這是什麼鬼道理啊？」阿呆忿忿不平地說。

店員聽了，不卑不亢地回應道：「我們百貨公司裡頭也有賣保險套，你們要不要在這裡做愛呀？」

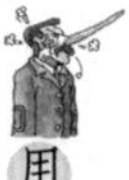

用幽默的心情處理事情

現實生活中，我們常常遇到這種沒有公德心又振振有詞的人，這位店員懂得順著對方的邏輯應對，無疑是「用幽默代替沉默」的最佳示範。

看完這個笑話，我們也該時時提醒自己不要讓人看笑話。

俗話說：「不聽老人言，吃虧在眼前。」

所謂的「老人」，不一定年紀有多老，他可能在年齡上不比你大，可是心智卻比你成熟；他可能在社會地位上不比你有成就，卻剛好看到了你沒有看見的真理。

所謂的「吃虧」，也不一定就是吃眼前虧。有些事情或許可以讓你得到眼前的利益，卻可能會在不遠的將來擺你一道，讓你防不勝防，也避無可避，誰叫種下禍端的人就是你自己！

很多時候，承認錯誤並不可恥。堅持己見不一定會把路走絕，卻一定會把自己的路越走越窄。

很多時候，改變自己並不可怕。當你成功扭轉自己的觀念時，你會發現世界也因你而改變了！

智慧語錄

無知是可怕的，錯誤的知識更可怕。讓你的眼睛從虛幻的世界移開；不要信賴自己的情感，情感有時候是會欺騙自己的。往自己心中去探索內在且永恆的人性吧！

——佛陀

用謊言掩飾過錯是錯上加錯

> 用謊言來彌補自己的過錯，你只是在用一個更大的坑洞來掩蓋先前的小坑洞，結果第一個踏進去的仍然會是你自己。

人的通病是犯了錯卻不肯虛心認錯，爲了那層薄薄的面子，老是想用謊言掩飾自己的過錯，把別人當傻瓜。

眞正的傻瓜，就是把別人都當傻瓜的那個傻瓜。

太小看別人的智商，最後被愚弄的人往往只會是你自己。

用幽默的方式，表達你的意思

一名教師竟然不小心在教學的途中打瞌睡，當他醒來，驚覺自己的糗態後，立刻對台下的學生編造謊言，正經八百地說：「我不是在睡覺，我只是去拜見周公罷了。」

隔了幾天，他的學生也仿效他，在課堂中趴在桌子上睡覺。

教師很生氣，便用藤條將學生打醒，理直氣壯地問他：「你爲什麼在上課中打瞌睡？」

學生說：「我不是在睡覺，我也是前去拜見周公嘛。」

「喔？是嗎？」聽了這話，教師眉毛挑起，試圖在雞蛋裡挑骨頭，「那周公跟你說了些什麼？」

「周公跟我說，他前幾天並不曾會見過我老師。」學生小聲地回答道。

用幽默的心情處理事情

人難免會犯錯，知錯不難，認錯卻的確不容易，尤其是在地位比自己低下的人面前認錯，更是難上加難。

但是，倘若你不勇敢地認錯，你就只能用謊言來掩飾自己的錯誤，那更是錯上加錯，只會惹來別人奚落。

世界上沒有什麼拆穿不了的謊言，有的只是時間早晚的問題而已。用謊言來彌補自己的過錯，你只是在用一個更大的坑洞來掩蓋先前的小坑洞，結果第一個踏進去的仍然會是你自己。

人很難做到完全沒有錯，但是你至少可以做到儘量不說謊。

智慧語錄

若要度量長，先學受冤枉；若要度量寬，先學受懊煩。

——呂坤

你是機智，還是白目？

很多人都以為自己很機智，殊不知在別人眼中，只不過是個既不學無術又白目的大白癡。

在人生戰場上，我們不僅跟別人競爭，同時也跟自己競爭。眞正的成功者，往往是不斷累積自己實力的人，而不是那些只會混吃等死又自以爲聰明的人。人可以不聰明，但不可以不識時務。要是沒有過人的智商，又不知腳踏實地，不懂得察言觀色，那叫做「白目」。

用幽默的方式，表達你的意思

上國文課時，老師突然點名道：「同學！我們上節課教過一句話：『人生自古誰無死』，你來接下一句！」

那名被點到的同學素來喜歡在課堂上打瞌睡，別說上節課，就連上上節課、上上上節課也是在瞌睡中度過，怎麼可能答得出來？但他還是鼓起勇氣面對現實，從容不迫從座位上站起來，回答道：「人生自古誰無屎，有誰大便不用紙？」

結果，這名同學就這麼被當了！

就在隔年，他又重修這位老師的課。老師認得這名同學的臉孔，再次重施故技。他選在所有同學都昏昏欲睡的時候，刻意點名問：「同學！我們上節課教過：『人生自古誰無死』，你來接下一句！」

這一回，學生學乖了，決定要答得比去年更好更完整。

只見他從座位上站起來，搖頭晃腦地回答道：「人生自古誰無屎，誰能大便不用紙？若君不用衛生紙，除非你是用手指。」

用幽默的心情處理事情

很多人都以爲自己很機智，殊不知在別人眼中，只不過是個既不學無術又白目的大白癡。聰明用對地方，人們會說你是「曠世奇才」；聰明用錯地方，你有多聰明就會有多悲慘，因爲那叫做「自作聰明」、「聰明反被聰明誤」。

才華無價，卻不一定有人懂得欣賞。即使是千里馬，也是因爲運氣不錯，遇上了伯樂，所以才成爲一匹稀世珍寶，否則，牠終其一生也只不過是一匹桀驁不馴又難以駕馭的野馬。

一個眞正聰明的人，一定懂得分辨誰是識人伯樂，誰是睜眼瞎子。一個眞正聰明的人，不需要時時刻刻都表現得冰雪聰明，只需要在不同的人面前，表現出自己所預期的樣子。

明哲保身總好過鋒芒畢露，大智若愚，才是眞正的聰明！

智慧語錄

最能顯示一個人智慧的是，能在各種危險中做出權衡，並選擇最小的危險。

——馬基維利

別讓習慣搞砸了你的飯碗

拖泥帶水的留著舊習慣看起來沒什麼不好，但是那樣，你就永遠不能擁有一個嶄新的人生。

古希臘哲學家亞里斯多德曾經告誡世人說：「一個人倘若不知道，重複練習這一種或那一種行為，可以產生和他的行為相當的性格習慣，他必定是個十足的蠢人。」

命好不如運好，運好不如習慣好。

好習慣是所有福報的根源，但是一個人若不懂得適時的改變習慣，那麼不管是好習慣、壞習慣，都很可能會替你砸了手中的那一碗飯。

小周年輕時在西餐廳工作了很久，爲了尋求一份更穩定的生活，中年以後便轉任殯儀館的屍體焚化員。

原以爲可以從此高枕無憂，替自己積陰德，替社會做功德，沒想到才上任不到一個禮拜，小周就被炒魷魚了。

朋友關心的問：「聽說你被炒魷魚了？」

「是啊，怎麼樣？」

「你的工作態度一向很好，怎麼會被人開除呢？」

「唉！別提了，我就是太敬業了，所以才會說錯一句話……」

「喔？什麼話那麼嚴重，只說錯一句就要被開除？」

小周摸摸頭，嘆了一口氣，說：「其實也不是什麼重話，我只是問死者家屬『你要幾分熟？』如此而已啊……」

用幽默的心情處理事情

莎士比亞曾經這麼說：「我從來沒見過一個可以逐漸改變壞習慣的人。」

剛開始你可能告訴自己要「慢慢的改，慢慢的改」，但是過了一段時間之後，你會發現自己依然故我。

不是你不去改變，只是你始終沒有真正「下定決心」去改變。

習慣永遠不會神奇的消失，你必須自己動手去把它戒掉。

拖泥帶水的留著舊習慣看起來沒什麼不好，但是那樣，你就永遠不能擁有一個嶄新的人生。

智慧語錄

如果感到生氣，開口前先數到十；如果非常生氣，就數到一百。

——托馬斯．傑弗遜

11

用幽默代替生氣

生氣不能解決問題，有時候，一顆寬容的心，幾句幽默的話語，就可以把肝火化為笑意，把敵人變成朋友。

貪心不足就會變得盲目

貪心的人總是想要得到很多，但是到頭來，他們最可能得到的，卻是很多很多——很多的煩惱。

貪念往往來自於見不得別人好，或不甘心對方比自己還要好，不管對方擁有什麼，自己無論如何都要擁有好幾倍。

貪心不足，人就會變得盲目，忘了有些東西不能以倍數計算。

用幽默的方式，表達你的意思

話說有天，兩名妙齡女郎一同漫步在沙灘上，走著走著，眼前突然出現一個奇形怪狀的茶壺。見到這個怪茶壺，其中一名女郎一時好奇心燃起，彎腰拾起了茶壺，並用衣袖把上頭的灰塵擦掉……

就在這個時候，突然冒出一縷青煙，一個精靈從茶壺裡飄了出來，恭敬有禮地對她們說：「主人，謝謝妳們把我救了出來，爲了報答妳們，我可以給妳們一人一個願望。」

精靈話才剛說完，拾起茶壺的那名女郎就搶先開口說：「是我伸手去把你撿起來的，所以，不管她要什麼願望，我都要她的兩倍！」

精靈相當豪爽地回答：「沒問題！」然後轉頭問另外一名女郎說：「妳要什麼願望呢？」

那女郎低著頭，很不好意思地說：「我希望我的身材可以變成三十六、二十四、三十六。」

用幽默的心情處理事情

適度的野心或許可以使人努力更上一層樓，但是，太過貪心卻容易讓人陷入慾望的漩渦。

正所謂「偷雞不著蝕把米，聰明反被聰明誤」，貪心的人往往都是盲目的，他們只追求遠方的夢想、目標，卻忽略了橫隔在眼前的現實，以致於不切實際、本末倒置。到最後，聰明才智所換來的，不過是南柯一夢，空歡喜一場。

一個人的慾望太多，就很不容易滿足。

貪心的人總是想要得到很多，但是到頭來，他們最可能得到的，卻是很多很多——很多的煩惱。

智慧語錄

應該睜大眼睛瞪著困難，衡量困難的大小，對它進行分析。那時，你就會覺得困難並不如它外表看起來那樣可怕。

——諾曼·文森特·皮爾

用幽默代替生氣

生氣不能解決問題，有時候，一顆寬容的心，幾句幽默的話語，就可以把肝火化為笑意，把敵人變成朋友。

古代哲人有云：「以責人之心責己，便少過失；以恕己之心恕人，便能保全情誼。」

在生活中，我們難免都會遇到令人生氣的狀況，但在那把無名火升起之前，請先想一想，發了這把火，對事情本身會有任何幫助嗎？既然沒有，爲什麼不用幽默代替生氣呢？

用幽默的方式，表達你的意思

唐朝武則天當政的時候，一天，宰相楊再思入朝，正好碰見一輛載滿重物的牛車要出西門。

可是，當時正值大雨剛停，道路泥濘不堪，牛使勁了力氣也拉不動車子，結果卡在路上，進退不得。

趕車人面臨到這般窘境，生氣地罵道：「眞是一群笨宰相，只顧天晴不顧雨天，把這條路修得這麼難走，害我們得吃這麼大的苦頭。」

話才說完，趕車人定睛一瞧，站在自己身邊的正是剛剛被自己罵得狗血淋頭的「笨宰相」楊再思，心想這下子完蛋了。

只見宰相大人非但沒有記恨，還對著他笑了笑，緩緩地開口說：「雖然你的牛很沒用，但是你也不應該這麼沒規矩地稱呼牠們爲宰相啊！」

用幽默的心情處理事情

生氣不能解決問題，有時候，一顆寬容的心，幾句幽默的話語，就可以把肝火化爲笑意，把敵人變成朋友。

不隨便生氣的人，是世界上最大的贏家。

因爲，他們不只爲自己贏得了健康、快樂，還爲旁人帶來了好心情。你說，這不是最富有的人是什麼？

赫胥黎曾經告訴們一個道理，他說：「人生不是受環境的支配，而是受自己的習慣思想所擺佈。」

如果說生氣是人的一種習慣，那麼，你可以試著改變自己，讓幽默也成爲你的一種習慣。

智慧語錄

每個人都會在自己不感興趣的問題上，以極出色的幽默感去與人爭辯。

——塞繆爾．約翰遜

轉移焦點，就不會鑽牛角尖

嘲笑可笑的事物，或許不會讓我們突破困境，但卻可以幫助我們轉移焦點，不往牛角尖裡鑽。

一位大師曾經這麼說：「如果你無法解決一個問題，那麼最好先嘲笑它。」

這個方法雖然有點賤，但也不失爲化解窘境的好方法。一個幽默的人，不但能夠用不同的角度看事情，還比一般人更有能力從容的面對危機、自我開解。

用幽默的方式，表達你的意思

一群年輕男女在一家旅館的客房內開派對，大夥兒豪飲狂歡、唱歌划拳，場面好不熱鬧。正當他們high到最高點時，旅館的服務員突然來敲門，「請你們把音量

放低一點好嗎？因爲，隔壁房間的那位先生抱怨說他不能看書了。」

「那麼你去告訴他，」一個二十來歲的毛頭小子理直氣壯地說：「他應該感到慚愧，我還沒滿五歲就已經能看書了！」

用幽默的心情處理事情

嘲笑可笑的事物，或許不會讓我們突破困境，但是，幽默的觀點卻可以使我們的視野變寬闊，幫助我們轉移焦點，不往牛角尖裡鑽。

幽默是一種生活態度，有的人與生俱來，有的人後天養成，全看你自己有沒有那份開放的胸襟與開創的思維。幽默感並不難培養，然而，能夠處在困境裡還不忘幽自己一默，是人世間最難得的一種修練。

智慧語錄

世界屬於熱情卻能保持冷靜的人。

——麥克費

井底之蛙總是認為自己最偉大

我們常常以為自己很重要，甚至想要讓別人認為自己有多重要，其實不過是突顯了一個井底之蛙的見識而已。

有的男人想要駕馭女人，因此總是喜歡藉機貶低女人，這樣的男人通常沒知識、沒常識，又喜歡虛張聲勢。

至於女人出言駁斥男人，並不代表她們就是有見識的女權主義者，她們所依據的不過是經驗法則。

第一的人，都有一個共通點，他們通常不會自稱第一。

不是第一的人，也有一個共通點，那就是他們總是認爲自己是全世界最偉大的，以爲自己能做的事別人絕對做不到，而且還唯恐天下不知。

用幽默的方式，表達你的意思

一對夫妻爲了小事鬥嘴，丈夫說：「我是天，你是地。天地、天地，天在地的前面，所以妳應該聽我的。」

妻子不以爲然地說：「哼！你少做夢了！我是陰，你是陽。陰陽、陰陽，陰在陽的前面，所以你才應該聽我的。」

「哪有這種事！」丈夫說：「男女、男女，男在女的前面。」

「誰說的？雌雄、雌雄，雌在雄的前面。」妻子不甘示弱地反駁道，「我們女人會生孩子，你們男人會嗎？」

「豈有此理！妳搞清楚，要是沒有我，妳能生孩子嗎？」

「當然可以！你以爲這個世界上只有你一個男的嗎？」

用幽默的心情處理事情

只要是人，就免不了和別人發生摩擦，甚至激烈爭吵。其實，當現實環境不如預期，不妨發揮一些幽默感，提醒自己別跟沒修養的人一般見識。

在這個世界上，沒有誰是不可以被取代的。

我們常常以爲自己很重要，甚至想要讓別人認爲自己有多重要，其實不過是突顯了一個井底之蛙的見識而已。

眞正重要的人，從來不覺得自己重要。他不在乎先後，也不爭論輸贏；別人看到的是他的份量，他卻只看得見自己的本分。

越是懂得低頭的人，反而爬得越高。

第一永遠只有一個，在兩人的世界裡，我們追求的不是成爲第一，而是成爲彼此的唯一。

智慧語錄

一場爭論可能是兩個心思之間的捷徑。

——紀伯倫

留下模糊地帶，容易讓人想歪

當你交代得不清不楚，別人自然會把你評價得不清不楚。當你讓事情有了模糊地帶，別人也就會順理成章的想歪。

很多難以啓齒的事情，要試著溫和地、技巧地讓對方理解；話語之中留下模糊地帶，最容意讓人想歪。

千萬不要因爲不好意思而編謊話。當你說了一個謊，你便是爲自己挖了一個往下跳的坑，輕則鬧出尷尬的笑話，重則造成嚴重的誤解。

用幽默的方式，表達你的意思

某位老師在學校開了一個課程，教導青少年正確的性知識。但是，生性保守的老師不好意思對老婆說實話，只敷衍地對老婆說，他在學校教的是「划船課」。

一次，教師夫人有事來到學校找丈夫，碰巧遇到一名丈夫班上的學生，兩人閒聊得非常愉快。聊著聊著，這位學生以無比景仰的語氣對師母說：「老師的課是我最喜歡的課程之一，他的教學方式實在太棒了！讓我們受益匪淺，學到了不少正確的姿勢和知識。」

教師夫人感到非常驚訝，睜大了雙眼，不置可否地說：「這怎麼可能！他在這方面一點天分也沒有！我還記得第一次，他朝著我的臉吐得一塌糊塗，第二次，他光顧著玩，居然不小心把帽子弄掉了！從那之後，我們就再也沒有過第三次了！」

用幽默的心情處理事情

是不是？不管是無心還是故意，當你把事情交代得不清不楚，別人自然也就會把你評價得不清不楚。

當你讓事情有了模糊地帶，別人也就會順理成章地想歪。

還是坦蕩蕩做事最輕鬆，大剌剌做人最自在。

正所謂「水自清則無魚」，如果這個世界是一個大染缸，但願你我的心靈都還能保有一池清澈自然的泉水。

眞誠是一種心靈開放的狀態，但是，大部分人的誠實都是有條件的，這種狀況就像法國哲學家拉羅什富科所說的：「我們通常見到的所謂真誠，不過是一種騙取別人信任的狡猾偽裝。」

其實，做人何必那麼辛苦，何必爲了顏面問題而說謊？只要不過分擔心別人的眼光，你就可以活得更自在。

智慧語錄

禮貌像只氣墊，裡面可能什麼都沒有，卻能奇妙地減少顛簸。

——約翰遜

不要以慣性衡量眼前的環境

所有的誤會，其實都是由「想當然爾」開始的。在變動不羈的現實生活中，不能老是以慣性思維去衡量眼前的環境。

越在乎的人，我們反而越會對他產生誤會；越在乎的事，我們反而越會被自己的思路侷限，因爲，我們都容易用「想當然爾」的慣性思維去衡量周遭的人事物。

「想當然爾」不一定是壞事，有時候，當我們想說服別人去做某件事的時候，不妨運用機智，適度迎合這種慣性。

這可會比你費盡唇舌還有效。

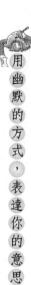

有一天下午，阿嘉到醫院做健康檢查，不久護士小姐拿了針準備要替他抽血，阿嘉看著眼前面目猙獰的的粗大針頭，忍不住小聲地問：「會不會痛啊？我最怕痛了……」

護士拍拍他的肩膀，笑得像聖母瑪莉亞般慈祥，溫柔地說：「放心好了，我做了二十幾年的護士……」

阿嘉聽到這裡，心裡的那塊大石頭總算落了地：「那太好了，既然妳這麼有經驗，我就放心了。」

沒想到話才剛說完，護士一針用力地刺下，整層樓都聽得見阿嘉像殺豬般淒厲的慘叫聲。

此時，護士才緩緩把先前要說的話說完：「我做了二十幾年的護士，沒有一次不痛的……」

用幽默的心情處理事情

「想當然爾」的這種念頭，有可能推敲出正確的結論，但也有可能因而產生荒謬的誤會。

因此，聽話要聽完全，說話要說清楚。

生命的藤蔓往往不是我們能決定生長方向的，它會在何時，以何種姿態與別株藤蔓相會、交錯、糾葛，也不是我們所能預料的。很多時候，一個不經意的停頓、搖擺、轉身，兩株藤蔓就從此擦身而過，分別往兩個截然不同的方向攀爬，終於，一切事情的發展，都和我們原本以爲的不一樣了。

所有的誤會，其實都是由「想當然爾」開始的。因此，在變動不羈的現實生活中，不能老是以慣性思維去衡量眼前的環境。

智慧語錄

留心避免和人爭吵，可是萬一爭端已起，就應該讓對方知道你不是可以輕侮的。

——莎士比亞

倚老賣老，只會招來訕笑

碰到愛倚老賣老的人，誰有耐性跟他耗？誰有修養去忍受？唯一的辦法，就是陽奉陰違、以柔剋剛。

雖然許多人提倡「敬老尊賢」，但是，也有人不以爲然，認爲老人未必就是什麼好人，賢人也可能是閒著沒事幹，只會高談闊論的人。

因此，做人千萬不要只長歲數沒長大腦，更不要動不動就倚老賣老，否則恐怕會招來別人的訕笑。

用幽默的方式，表達你的意思

話說，有一天，十歲的男孩突然問父親：「爸爸，做父親的總是比兒子知道得多嗎？」

「當然啊！」爸爸自信滿滿地回答。

男孩又問：「那麼，爸爸，你知不知道蒸汽機是誰發明的？」

「怎麼會不知道呢？」這問題太簡單了，爸爸回答得好不神氣：「蒸汽機是瓦特發明的！」

「可是……爸爸，」男孩一臉疑惑地說：「那，爲什麼瓦特的父親不發明蒸汽機呢？」

用幽默的心情處理事情

根據人力資源公司一份調查顯示，年輕上班族裡，有五成六的人表示最受不了中高齡同事「倚老賣老」。

明明只長歲數沒長腦袋，爲什麼這些「老人家」說的話自己就要奉爲聖旨？雖然他們的資歷自己深，但能力未必比自己強，憑什麼在他們面前，自己就要乖乖低頭？

碰到愛倚老賣老的人，誰有耐性跟他耗？誰有修養去忍受？唯一的辦法，就是陽奉陰違、以柔剋剛。

既然他那麼想在人前人後有所表現，就給他表現的機會，他愛出鋒頭，就事事徵詢他的意見，讓他覺得受到重視而更盡心盡力的把擔子往肩上扛，不是也不錯嗎？

天底下沒有不能解決的問題，只有自覺無解的心。只要你認爲它不是什麼大問題，問題就會自然而然地消失了！

智慧語錄

言語是人類心智的軍火庫，其中藏有以往的戰利品，及未來的征服武器。

——科爾列治

不要當個聰明的白癡

一個真正有智慧的人，絕對不會看不起任何人。因為他知道，再怎麼不堪的人都一定有值得自己學習的地方。

天才與白癡往往只有一線之隔。把聰明才智用在有實際利益的地方，就是天才；把聰明才智發揮在毫無用處的地方，就會被人叫作白癡。

但是，千萬別取笑白癡，白癡也有一定的智商。一般人最容易犯的錯誤是，相信自己比白癡優秀，其實自己只不過五十步笑一百步罷了。

用幽默的方式，表達你的意思

一名精神科醫生被一群精神病人纏著，要求著要馬上出院。醫生不堪其擾，只好用粉筆在牆上畫一扇門，對病人說：「只要你們能打開這個門，就可以從這裡走出醫院了。」

病人聽了，紛紛嘗試去開這道門，用盡各種方法都打不開這扇門，但是，他們並不灰心，而且還越挫越勇。

在場只有一個病人始終冷眼旁觀，非但不設法去開這個門，還用嘲笑的神情注視著其他同伴。醫生看到這個情形，心裡總算感到一絲安慰，心想奮鬥了這麼久，終於有一個人被他治癒，恢復正常可以出院了。於是，他笑瞇瞇地問那名病人說：「你爲什麼笑他們呢？」

「我笑他們，是因爲我知道他們不可能打得開這扇門的！」

醫生好奇地問：「喔？爲什麼？」

只見這位病人一本正經地說：「因爲門的鑰匙在我這裡！他們怎麼可能打得開這扇門呢？」

據說，功夫明星李小龍曾說：「與其說愚者因智者的回答而學到東西，不如說智者因愚者的質問而得到更多。」

頭腦清楚的人，永遠佔便宜。因爲他們不僅知道得比別人多，而且還可以從那些知道得比他們少的人身上學到更多。

因此，我們是不是可以這麼說，智者是愚者的老師，相對的，愚者也同樣是智者的老師？

一個眞正有智慧的人，絕對不會看不起任何人。因爲他知道，再怎麼不堪的人都一定有值得自己學習的地方，即使是神經病的邏輯，也未嘗不是造就一個天才的緣起。

智慧語錄

真理並不是要從腐朽的書中去尋求，而是要在思想中尋求。

——波斯格言

與其**沉默面對**，不如用**幽默巧妙化解**

用幽默代替沉默

的應對智慧

USE HUMOR TO DEFUSE SILENCE

塞德娜 編著

法蘭西斯．培根曾說：

當我們面對不知如何因應的尷尬場面，
與其沉默面對，
還不如用幽默巧妙化解。

的確，用幽默積極因應不知如何應對的尷尬場面，
永遠比用沉默消極面對的效果要好上許多，因為，面對自己不想面對的問題，保持沉默
問題並不會消失不見，但是，如果懂得用幽默化解，問題就會立刻迎刃而解。
懂得幽默的人，知道如何用幽默的話語回應自己不想回答又不得不答的問題。
懂得幽默的人，知道如何透過幽默化解讓自己尷尬的處境。
懂得幽默的人，知道如何用幽默面對原來只能沉默以對的問題。

溝通智典

41

用幽默的心情處理事情

作　　者　文彥博
社　　長　陳維都
藝術總監　黃聖文
編輯總監　王郡凌
出 版 者　普天出版家族有限公司
新北市汐止區忠二街 6 巷 15 號
TEL / (02) 26435033 (代表號)
FAX / (02) 26486465
E-mail：asia.books@msa.hinet.net
http://www.popu.com.tw/
郵政劃撥 19091443 陳維都帳戶
總 經 銷　旭昇圖書有限公司
新北市中和區中山路二段 352 號 2F
TEL / (02) 22451480 (代表號)
FAX / (02) 22451479
E-mail：s1686688@ms31.hinet.net
法律顧問　西華律師事務所・黃憲男律師
電腦排版　巨新電腦排版有限公司
印製裝訂　久裕印刷事業有限公司
出 版 日　2022 (民 111) 年 7 月第 1 版
ISBN◉978-986-389-829-0　條碼 9789863898290

國家圖書館出版品預行編目資料

用幽默的心情處理事情 /
文彥博著.—第 1 版.—：新北市,普天出版
民 111.7 面；公分. - (溝通智典；41)
ISBN◉978-986-389-829-0 (平裝)

普 天 之 下 · 盡 是 好 書

普天出版家族
Popular Press Family

凌雲 A-Plus Creative Company 文創